AF452117

GEORGES CLEMENCEAU

L'ENSEIGNEMENT

DANS

LE DROIT RÉPUBLICAIN

PARIS

LIBRAIRIE CHARPENTIER ET FASQUELLE

EUGÈNE FASQUELLE, ÉDITEUR

11, RUE DE GRENELLE, 11

1904

L'ENSEIGNEMENT

DANS

LE DROIT RÉPUBLICAIN

EUGÈNE FASQUELLE. ÉDITEUR. 11, RUE DE GRENELLE

DU MÊME AUTEUR

DANS LA **BIBLIOTHÈQUE-CHARPENTIER**

à 3 fr. 50 le volume.

La Mêlée sociale (7ᵉ mille) . . . . 1 vol.
Le Grand Pan (5ᵉ mille) . . . . 1 vol.
Les plus forts. Roman contemporain (6ᵉ mille). 1 vol.
Au fil des jours (5ᵉ mille). . . . . 1 vol.
Aux Embuscades de la vie (3ᵉ mille) . . . 1 vol.

THÉATRE

Le voile du Bonheur, pièce en un acte . . . 2 fr.

Paris. — L. MARETHEUX, imprimeur, 1, rue Cassette. — 5969.

GEORGES CLEMENCEAU

L'ENSEIGNEMENT

DANS

LE DROIT RÉPUBLICAIN

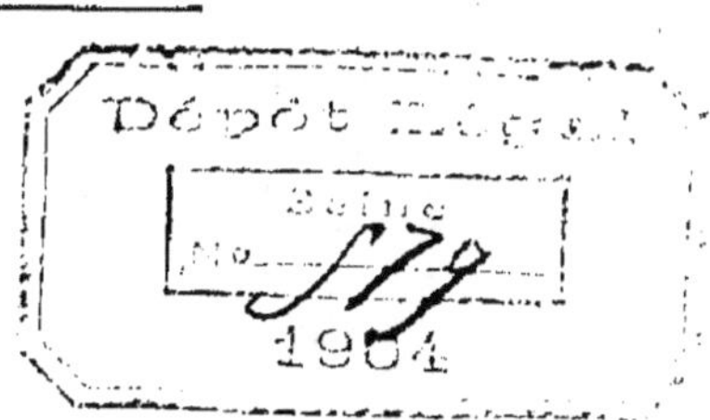

PARIS

Librairie CHARPENTIER et FASQUELLE

EUGÈNE FASQUELLE, ÉDITEUR

11, RUE DE GRENELLE, 11

1904

CONTRE LA CONGRÉGATION

DISCOURS

PRONONCÉ AU SÉNAT

Par M. G. CLEMENCEAU

Le 30 octobre 1902

M. **Clemenceau**. — Messieurs, je n'apporte pas le secours de ma parole à M. le président du conseil. Il n'en a pas besoin. Tout à l'heure, par mon vote, je prendrai place dans les rangs de cette majorité républicaine qui oppose l'esprit de la Révolution française, exprimé dans la déclaration des Droits de l'Homme, à la contre-révolution de l'Église romaine dont la formule est le *Syllabus. (Très bien! et applaudissements à gauche. — Murmures à droite.)*

M. **Méric**. — La question est bien posée.

M. **Clemenceau**. — Je demande au Sénat la permission de ne pas discuter si M. Waldeck-Rousseau est plus ou moins impeccable et dans quelle mesure il lui a été permis d'exercer cette impeccabilité. Je ne me propose pas davantage de suivre les précédents orateurs dans la discussion juridique qu'ils ont apportée à cette tribune. Et cela pour deux raisons : la première, si je les ai bien compris, c'est qu'ils ont tous proclamé qu'il était fâcheux que M. le président du conseil n'eût pas simplement pris la mesure qu'ils lui reprochent contre une seule congrégation d'abord, pour porter ensuite la question devant les tribunaux. J'en conclus que, si M. Combes avait le droit de prendre cette mesure contre une seule congrégation, il avait le droit de [la prendre contre toutes. (*Réclamations à droite.*) C'est une question politique à débattre entre lui et nous. Il y a une autre raison: c'est que la question est aujourd'hui devant les tribunaux, et que, n'étant pas jurisconsulte, je ne me sens aucune compétence pour dire aux juges quelle est l'opinion qu'ils doivent adopter.

Aussi bien les échauffourées de Bretagne — et ce n'est pas moi qui médirai des Bretons, mes chers collègues — les échauffourées de Bretagne ne sont, à bien regarder la vérité des choses, qu'un incident misérablement petit — je puis le dire sans offenser ceux de nos collègues qui y ont pris part — de la grande lutte séculaire entre l'autorité théocratique de l'Église romaine et la résistance des sociétés civiles pour la liberté. (*Très bien! Applaudissements à gauche.*)

M. l'amiral de Cuverville. — Cela n'est pas exact.

M. Méric. — C'est votre opinion.

M. l'amiral de Cuverville. — C'est une question de liberté.

M. Clemenceau. — Si vous voulez m'écouter, mon cher collègue, vous verrez que je ne fuirai pas la discussion, et c'est avec vous-même tout à l'heure, si vous voulez me le permettre, que je discuterai la question de la liberté.

Aujourd'hui, je m'en rends bien compte — en entendant notre honorable collègue républicain M. Delobeau conclure tout à l'heure aux applaudissements de la droite en faveur de la justice et de la liberté je m'en rendais très bien compte — il y a une équivoque, il y a une confusion entre nous. La raison en est bien simple: c'est que le parti de la liberté, par la volonté du suffrage universel, est actuellement au pouvoir, c'est qu'il exerce l'autorité civile, c'est qu'il lui incombe ainsi d'appliquer les règles légales de la liberté, tandis que le parti de l'autorité, vaincu devant le suffrage universel, en est

réduit à faire appel à la liberté qu'il a toujours condamnée. Il en est résulté dans tout le pays, aussi bien en
Bretagne, autant que j'ai pu le comprendre...

M. Hervé de Saisy. — Si vous êtes le parti de la
liberté, qu'est-ce donc que la tyrannie?

M. Clemenceau. — Je vais m'expliquer tout à l'heure.
Je ne redoute pas les interruptions, et je vous promets
de m'expliquer avec une telle franchise que vous ne
puissiez douter de mon désir de vous donner satisfaction.
Je ne viens pas ici pour attaquer les personnes. Je viens
simplement exposer des idées. Veuillez m'écouter, vous
répondrez à mes idées par d'autres idées. Je serai très
heureux de vous entendre.

Je disais que la situation politique actuelle est obscur-
cie par une équivoque, qui trouble la plupart des esprits.
En voyant les religieux, les religieuses et leurs défenseurs marcher contre les soldats de la République française au cri de « Vive la liberté! », comment ne s'y
tromperait-on pas? On s'y est si bien trompé que nous
avons été témoins d'événements sans précédents dans
notre histoire: des officiers refusant l'obéissance mili-
taire et des jugements de conseils de guerre qui sem-
blaient leur donner raison, jugements qui ont surpris,
je puis le dire, l'unanimité du pays. Oui, ils ont surpris
jusqu'aux conservateurs eux-mêmes, jusqu'aux modérés.

Je vois là le signe d'une anarchie mentale redoutable.
Car, dans un pays de démocratie, rien n'est vraiment
dangereux, si grave qu'apparaisse la situation, si agités
que paraissent les esprits, quand les questions sont
posées clairement. Alors elles sont bientôt résolues par
le jeu naturel des institutions, dans le sens de la justice
et de la liberté.

Il faut donc que les questions soient posées clairement, il faut qu'il n'y ait pas d'équivoque, il faut qu'on
sache bien où est la liberté, quels sont les amis et les
ennemis de la liberté.

1.

Il y a eu des interpellations à la Chambre des députés, il y en a au Sénat. C'est pour m'expliquer à mon tour que je suis à cette tribune.

M. le président du conseil a répondu aux interpellateurs à la Chambre; il a répondu aux interpellateurs au Sénat. Il ne m'appartient pas de critiquer ses paroles. Il est chef du Gouvernement; il porte courageusement de lourdes responsabilités. Il lui a paru bon de s'enfermer dans la discussion où ses interpellateurs se sont plu à le confiner.

M. Halgan. — Vous l'avez trouvé trop modéré.

M. Clemenceau. — Je suis dans une situation bien différente. Je n'ai aucune responsabilité, je n'ai reçu de mandat d'aucun de mes collègues, je parle en mon nom personnel, et l'heure me paraît venue d'élargir la discussion pour rechercher qui nous sommes, qui vous êtes, ce que nous voulons, et comment nous le voulons. Cela est nécessaire.

M. le président du conseil n'a pu s'empêcher de prononcer à la tribune de la Chambre une phrase que je soumets à votre attention. Il a dit:

« Les fauteurs d'agitation se sont rendu compte que nos premiers actes n'étaient qu'une sorte de prélude nécessaire à l'œuvre capitale que la démocratie attend de ses représentants. »

Qu'est-ce donc que cette œuvre capitale de la démocratie et de ses représentants? La question n'a pas été posée. Je la pose, et, en la posant, dans la mesure de mes faibles moyens je demande la permission d'essayer de la résoudre.

J'ai dit tout à l'heure que les incidents de Bretagne étaient misérablement mesquins. Je ne parlais pas de l'idée qui se trouvait en cause. Oh! non! Un grand mot a été prononcé, le plus grand de tous : on a dit que la liberté de conscience était en jeu. Un vote de majorité ne peut être en ce cas une réponse suffisante. Il faut que le parti républicain se présente à la barre de la nation française, qu'il s'explique, qu'il dise s'il est pour ou contre la liberté de conscience, et c'est pour prononcer cette parole que je suis à cette tribune.

Il faut savoir qui est pour la liberté de conscience, qui est contre cette liberté. Et si nous découvrons que le parti républicain doit être par tradition, par définition, par nécessité, favorable au principe de la liberté de conscience, il faut qu'il ait le courage d'en accepter hardiment toutes les conséquences. (*Très bien! très bien! sur un grand nombre de bancs.*)

Et d'abord, qui est-ce qui pose la liberté de conscience? L'Église catholique romaine, cette Église catholique romaine qui jouit dans ce pays d'un privilège d'État et qui prétend, par surcroît, jouir de la liberté qui exclut le privilège. (*Très bien! à gauche.*)

J'avoue, messieurs, que je suis surpris d'apprendre que c'est la liberté de conscience des catholiques qui est lésée dans ce pays. J'aurais plutôt pensé que c'était la liberté de conscience des incroyants qui se trouvait opprimée. Les incroyants subventionnent le culte catholique, et c'est le culte catholique qui se plaint que son droit n'est pas respecté! (*Rires approbatifs sur les mêmes bancs.*) Véritablement, il faut savoir qui nous sommes et ce que nous voulons. Dans chaque commune, l'État subventionne une chaire pour enseigner le dogme catholique et faire acte d'hostilité contre le Gouvernement. Est-ce donc aux catholiques qu'il appartient de gémir sur leur liberté perdue?

Messieurs, vous pouvez tous ici faire appel à la liberté de conscience. Les catholiques ont le droit de faire appel au parti républicain, au nom de ses principes. Seulement, s'ils revendiquent vraiment toute la liberté, ils devront tôt ou tard la payer de leur privilège. (*Très bien! à gauche.*)

Messieurs, quand nous parlons ainsi et quand nous

réprimons des émeutes de moines, on nous dit que nous voulons détruire la religion. L'honorable M. Aynard ne s'en est pas fait faute à la Chambre des députés, et l'honorable amiral de Cuverville l'a dit clairement tout à l'heure.

M. l'amiral de Cuverville. — Je n'ai pas parlé de cela ; je ne sais pas ce que c'est que des émeutes de moines.

M. Clemenceau. — Vous ne m'avez pas compris, mon cher collègue. C'est certainement ma faute.

M. l'amiral de Cuverville. — Je vous ai trop bien compris.

M. Clemenceau. — Non. J'ai dit qu'on nous accusait, quand nous parlions ainsi et que nous réprimions des émeutes de moines, de vouloir détruire la religion, et que c'était l'accusation que vous aviez portée contre nous tout à l'heure.

M. l'amiral de Cuverville. — Non ! Je n'ai pas porté cette accusation.

M. Clemenceau. — Le *Journal officiel* pourra témoigner que vous nous avez accusés de persécuter la religion. Or, quand on persécute la religion, c'est apparemment avec l'intention de la diminuer, sinon de la détruire.

Je veux rassurer votre foi religieuse. Les gouvernements ne peuvent rien sur les croyances. On a vu des religions naître, on a vu des religions mourir, mais on n'a pas vu des religions mourir sous l'action hostile des gouvernements.

M. l'amiral de Cuverville. — Vous avez parfaitement raison.

M. Clemenceau. — Les gouvernements ne peuvent rien autre pour les religions que de leur donner une vitalité nouvelle en les persécutant.

M. l'amiral de Cuverville. — Absolument.

M. Clemenceau. — Laissez-moi parler, je vous en

prie. Je vous ai écouté avec la plus grande attention, sans vous interrompre une seule fois.

Je dis que les gouvernements ne peuvent rien autre chose pour une croyance religieuse que de lui donner un nouveau ressort de vie en la persécutant.

M. l'amiral de Cuverville. — Nous sommes d'accord.

M. Clemenceau. — Alors, ce n'est pas la peine de m'interrompre. (*Rires à gauche.*) Je ne veux me livrer ici qu'à une discussion d'idées. Vous me rendriez le plus grand service en m'interrompant le moins possible, et seulement quand vous aurez une idée à m'opposer.

M. le président. — Non, on ne doit vous l'opposer qu'après votre discours.

M. Clemenceau. — A la question de savoir si nous voulons ou non détruire la religion, je ferai, messieurs, cette réponse très nette qui sera le point de départ de toute ma discussion : Nous ne voulons pas, nous ne pouvons pas — et je m'en félicite — détruire une seule croyance dans une seule conscience; mais nous voulons et nous pouvons détruire tout ce qui est de la politique romaine, tout ce qui est du gouvernement romain. (*Très bien!* — *Applaudissements à gauche.*) Car il y a, dans l'Eglise romaine, deux choses qu'il faut distinguer et qui font toute l'équivoque de ce débat : la religion et le gouvernement; il y a une religion catholique romaine, il y a une politique romaine, il y a un gouvernement romain.

La vérité — le catholicisme n'est pas né d'hier, il a une longue histoire, et cette histoire parle clairement à l'appui de ce que je viens de dire — la vérité, dis-je, c'est que le catholicisme romain est une théocratie, comme le veut d'ailleurs la logique de la doctrine religieuse elle-même. C'était bien, n'est-ce pas? le grand moine de Cluny, le terrible Hildedrand — Grégoire VII — qui disait : « Si l'Eglise a reçu du Saint-Esprit le don de juger au spirituel, elle a, *a fortiori*, le droit de juger au temporel. » Et véritablement, je serais bien embarrassé moi-même de le contredire, car toute la question est seulement de savoir si l'Eglise a reçu le mandat de juger au spirituel! (*Rires approbatifs à gauche.*)

M. de Mun, dans un discours célèbre, opposait à la déclaration des Droits de l'Homme les Droits de Dieu. S'il avait plu à la Providence de faire valoir ses droits elle-même, que de conflits nous auraient été épargnés! (*Nouveaux rires sur les mêmes bancs.*) Mais il n'en a pas été ainsi. Les droits de Dieu sont représentés sur la terre par une corporation d'hommes dont je ne nierai ni le dévouement ni le zèle, vertus qui sont d'ailleurs l'honneur de la nature humaine et dont il ne m'appartient de dépouiller personne, mais d'hommes qui joignent aux vertus humaines les faiblesses humaines, et qui, se trouvant détenteurs de la vérité absolue, qu'ils opposent aux vérités changeantes de notre infirmité, tendent naturellement à insinuer leur corporation dans l'Etat, à se substituer tôt ou tard à l'Etat lui-même, comme il appartient aux maîtres de la vérité éternelle.

Ce pouvoir politique de Rome, il n'est pas nouveau : il remonte aux premiers temps de l'Eglise, il remonte aux jours où l'évêque de Rome, pour succéder au prestige de l'empire païen des Césars, pour s'installer dans le cadre de la conquête romaine, a prétendu établir sa juridiction sur toute la chrétienté. Le pape, ce jour-là, est devenu César et, quand il a rencontré devant lui un autre César, le successeur de Charlemagne, quand il a vu se dresser devant lui un empire civil pour lui disputer la préséance, alors une guerre s'est allumée qui emplit tout le Moyen Age. Oh! cette guerre, je ne m'attarderai pas à vous la raconter, vous la connaissez tous. Vous savez dans quelles conditions Hildebrand, devenu Grégoire VII, a mené la guerre contre Henri IV d'Allemagne, le successeur de Charlemagne. Vous trouverez, par la suite, tous les grands papes de l'histoire en lutte

contre les rois de France pour la suprématie temporelle.
Vous verrez Innocent III contre Philippe-Auguste. Le
massacre des Albigeois fut le seul point sur lequel la
royauté et l'Eglise réussirent à s'accorder. Vous trouverez Boniface VIII contre Philippe le Bel; vous trouverez Jules II contre Louis XII; vous arriverez à
Henri IV de France, qu'en 1585 le pape déclare inhabile
à succéder à la couronne, et qui doit se soumettre, passer sous les fourches caudines de l'Eglise pour régner.
Il s'en tire en disant : « Paris vaut bien une messe! »
parole qui a été admirée et qui n'est rien qu'une formule
cynique de soumission. (*Très bien! très bien! à gauche.*)

Et voici maintenant le Grand-Roi, le maître de la
terre; Louis XIV, le Roi-Soleil, lui aussi entreprend la
lutte contre la papauté. Ah! c'est un intéressant prédécesseur de M. Combes. (*Hilarité.*)

Ce ne sont pas les pouvoirs qui lui manquent! Il n'est
pas arrêté par un Parlement comme le nôtre, il n'a pas
de compte à rendre aux Lamarzelle — je le dis, mon
cher collègue, pour vous honorer — de ce temps-là
Mais, après une courte lutte, il est déplorablement
vaincu. Je veux vous lire un des articles, le premier, le
seul — je ne voudrais pas abuser des citations — de la
déclaration de 1682, que le clergé, aujourd'hui encore,
se refuse à professer...

M. Maxime Lecomte. — Il y est obligé.

M. Clemenceau. — ... à signer, ainsi que le Concordat lui en impose l'obligation. Ce premier article est
ainsi conçu :

« Que saint Pierre et ses successeurs et l'Eglise elle-
même n'ont reçu de puissance de Dieu que sur les
choses spirituelles et non sur les choses politiques
(*civilium*), le Seigneur ayant dit : « Mon royaume n'est
pas de ce monde », que, par conséquent, les rois et les
princes ne peuvent être déposés directement ou indi-
rectement, ni leurs sujets déliés du serment de fidélité

par l'autorité des chefs de l'Eglise, et que cette doctrine doit être inviolablement suivie comme conforme à la parole de Dieu, à la tradition des pères et aux exemples des saints. »

Voilà la doctrine qu'aujourd'hui encore le clergé de France se refuse à admettre, à contresigner. Il ne consent pas à reconnaître la suprématie du pouvoir civil en France, sur le pouvoir spirituel romain.

Il n'est pas douteux que Louis XIV engageait la lutte dans les meilleures conditions de succès. Je ne veux pas en décrire les phases, je vous donnerai seulement connaissance du document qui en montre la fin :

« 14 septembre 1695. Lettre de Louis XIV à Innocent XII :

« Comme je cherche à faire connaître à Votre Béatitude mon respect filial par les plus fortes preuves que j'en puis donner, je suis bien aise aussi de faire savoir à Votre Sainteté que j'ai donné les ordres nécessaires pour que les choses contenues dans mon édit du 16 mars 1682, touchant la déclaration faite par le clergé de France, à quoi les conjonctures passées m'avaient obligé, ne soient pas observées. »

Vous le voyez, le grand roi, après une longue lutte, se rend à merci.

Et Napoléon? Vous connaissez l'histoire, elle est d'hier. Napoléon a employé, vis-à-vis du pape Pie VII, des procédures administratives, comme dit notre collègue M. de Lamarzelle, que la République répudie et qu'elle n'oserait pas employer vis-à-vis du dernier desservant de la dernière paroisse. (*Assentiment à gauche.*)

Voilà notre situation : et aujourd'hui, lorsque nous examinons cette suite historique d'actes, d'où découlaient la tradition de l'Église et du pouvoir civil au regard l'un de l'autre, nous trouvons en dernier lieu la tentative de concordat de 1817, de ce concordat qui n'est jamais devenu une loi de l'État, mais qui, comme vous le savez, avait été signé par le roi Louis XVIII. Dans le concordat de 1817, Louis XVIII s'obligeait « à faire disparaître tous les obstacles qui s'opposent à l'exécution des lois de l'Église en France ». C'était la conquête pure et simple. C'est, encore aujourd'hui, la prétention de l'Eglise. Et c'est pourquoi dans cette lutte que nous soutenons aujourd'hui, nous revendiquons contre Rome d'abord, notre autonomie, le droit de nous appartenir.

Je suis remonté bien haut dans l'histoire, jusqu'à Hildebrand. Mais qu'y a-t-il de changé depuis? Est-ce qu'un pape politique, comme Léon XIII, a rien retranché du *Syllabus* de Pie IX? Est-ce qu'il est libre d'en retrancher quelque chose? Et que dit ce *Syllabus*? Ah! il faut le savoir. Je pourrais vous en infliger de longues citations. Je m'en garderai, mais cependant il est bon de lire un paragraphe de la fameuse encyclique *Quanta cura* de 1864, qui s'explique avec une clarté admirable sur la liberté de conscience et des cultes, qui vous est si chère aujourd'hui, mon cher collègue, monsieur de Cuverville. Voyons ce que dit le pape, et si vous déniez son autorité, si vous protestez contre sa maxime, je serai très heureux d'enregistrer vos protestations.

« Contrairement à la doctrine de l'Écriture, de l'Église et des saints pères, certains hommes ne craignent pas d'affirmer que le meilleur gouvernement est celui où l'on ne reconnaît pas au pouvoir l'obligation de réprimer, par la sanction des peines, les violateurs de la religion catholique, si ce n'est lorsque la tranquillité publique le demande. En conséquence de cette idée absolument fausse du gouvernement social, ils n'hésiteront pas à favoriser cette opinion erronée que notre prédécesseur d'heureuse mémoire, Grégoire XVI, appelait un délire, savoir, que la liberté de conscience et des cultes est un droit propre à chaque homme, qui doit être proclamé et assuré dans tout État bien constitué et que les citoyens ont le droit à la pleine liberté de manifester hautement et publiquement leurs opinions quelles qu'elles soient par la parole, par l'impression ou autrement sans que l'autorité ecclésiastique ou civile puisse la limiter. Or, en soutenant ces affirmations téméraires, ils ne pensent pas, ils ne considèrent pas qu'ils prêchent une liberté de perdition... »

Et alors ne vous étonnez plus de l'article 15 du *Syllabus*, qui condamne en termes exprès cette proposition : « Il est libre à chaque homme d'embrasser ou de professer la religion qu'il aura réputée vraie d'après les lumières de sa raison. » Voilà votre doctrine de gouvernement.

M. Méric. — On n'interrompt plus !

M. Clemenceau. — Il me semble que la question commence à s'éclaircir et que la liberté des cultes, la liberté de conscience peuvent distinguer enfin dans cette Assemblée leurs véritables défenseurs et leurs véritables adversaires. Il y a quelques jours, l'honorable président du conseil rappelait à la tribune les paroles de M. de Mun disant : « Nous sommes les soldats d'une idée, et cette idée, c'est la contre-révolution par le *Syllabus*. » Vous venez de l'entendre, le *Syllabus*. Il glorifie les paroles de Grégoire XVI : la liberté de conscience et des cultes est un délire. Et, tout à l'heure, quand je disais que l'Église catholique était à la fois une religion et un gouvernement, personne ne m'a demandé de le prouver et on ne pouvait pas me le demander, parce qu'il me suffisait de citer l'article du *Syllabus* qui dit : « L'Église ne doit pas se réconcilier avec le progrès, avec le libéralisme, avec la civilisation moderne. »

Vous êtes donc un gouvernement, et c'est le malheur ; car, dès que l'on ose se mettre en opposition avec quelque organe de votre politique d'Église, vous criez qu'on persécute la religion.

Non, nous ne voulons persécuter personne. Et, en ce

qui me concerne, le jour où votre religion serait atteinte dans sa liberté légitime, vous me trouveriez à côté de vous pour la défendre — au point de vue politique, bien entendu, car au point de vue philosophique, je ne cesserai d'user de ma liberté pour vous attaquer.

Mais ce n'est pas de religion qu'il s'agit à cette heure. Le pape est le roi des rois. Les monarques sont les préfets de sa puissance. Ils sont sous sa main. Mais ils ne se sont pas toujours soumis de bonne grâce, comme je vous l'ai montré tout à l'heure. L'Église alors a bien voulu composer. Elle n'a pu imposer sa règle spirituelle et la confondre avec la règle temporelle nulle part, si ce n'est dans les États du pape, et je n'ai jamais entendu soutenir que les États du pape eussent donné au monde un modèle de gouvernement. Partout ailleurs le pape, comme chef de gouvernement, a conclu des trêves, des pragmatiques sanctions, des concordats.

J'appelle votre attention, messieurs, vous qui êtes certainement très jaloux de l'indépendance française, sur le caractère bizarre de ces traités qui font résulter la condition, le régime de citoyens français, non pas d'une loi française comme il serait bien naturel, mais d'un accord du gouvernement français avec un gouvernement étranger. Il y en a un exemple qui est commun : vous pouvez produire à votre barre le dernier curé de village et lui demander s'il reconnaît les articles organiques : il vous dira qu'il ne les reconnaît pas; et si vous lui demandez pourquoi, il vous dira : « le pape ne les a pas approuvés ». C'est une loi française pourtant, et ce curé est Français. Comment se fait-il que ce curé français, pour obéir à une loi française, ait besoin de la permission du pape romain? Tel est, parmi nous, le danger de ces concordats.

Mais ceci n'est qu'un côté, et un côté relativement secondaire de la question. Le point capital pour nous en ce moment est de chercher quels sont les organes de ce gouvernement romain. Vous les connaissez bien. A ce double caractère de l'Eglise romaine, religieuse par une face, politique par l'autre, répondent deux hiérarchies aboutissant toutes deux au Vatican, l'une plus religieuse, mais politique tout de même, le clergé séculier; l'autre plus politique, plus militante, entraînant généralement le clergé séculier à sa suite, mais religieuse malgré tout; c'est le clergé régulier, la congrégation. Cette congrégation n'est pas nouvelle dans l'Etat; elle a une longue histoire. A la Révolution, il y avait 60.000 moines en France, il y en a 150.000 aujourd'hui. Leur vœu de pauvreté les a rendus propriétaires d'une somme qu'on évaluait dernièrement au chiffre de 1 milliard, qui est certainement inférieure à la vérité. Retirés du monde, les moines sont partout répandus dans le monde. La congrégation plonge ses racines dans tous les compartiments de l'Etat, dans toutes les familles. Et de toute sa puissance elle enserre, pour notre malheur, cette société moderne, ce progrès, ce libéralisme que le *Syllabus* a condamnés.

Oh! messieurs, je ne nierai ni la charité, ni le dévouement dont les hommes de tout habit peuvent donner l'exemple. C'est, je l'ai dit, l'honneur de la nature humaine. Je dis seulement que les ordres monastiques exercent cette charité et ce dévouement par des moyens d'un organisme théocratique d'ancien régime, au profit d'intérêts politiques qui sont contraires à ce libéralisme, à cette civilisation moderne et à ce progrès que nous sommes résolus à faire prévaloir contre le *Syllabus*.

Et le problème, pour nous, n'est pas, comme vous paraissez le croire, de supprimer ni la charité ni le dévouement des hommes et des femmes engagés dans la congrégation, mais de faire que leurs vertus s'exercent selon le droit commun, dans les voies ouvertes à l'activité de tous par la liberté. (*Très bien! Très bien! à gauche.*)

Eh bien, messieurs, parlons de la liberté. Qui l'a donnée à ce pays-ci ? A qui la doit-on ? Il me semble que c'est au parti républicain.

Il n'est pas besoin d'une longue revue historique, et je n'ai garde de vous l'imposer, pour découvrir que tous les partis monarchiques ont refusé la liberté à ce pays, et qu'aucun gouvernement n'a pu vivre avec la liberté, sauf la République. (*Vifs applaudissements à gauche.*) Et sous quelle avalanche d'outrages, d'injures et de calomnies, tous les matins !

C'est nous qui avons donné la liberté de la presse, la liberté de la parole, la liberté du Parlement et la liberté d'association, ne l'oubliez pas. C'est nous qui avons donné tout ce qui fait la liberté en France. Et notre tâche est loin d'être achevée. Aucun autre Gouvernement ne peut revendiquer cet honneur. Il y a ici des hommes qui représentent tous ces Gouvernements qui se sont succédé dans le siècle passé ; qu'ils viennent à la tribune me contredire ! Personne ne le fera, personne ne pourra le faire.

. Et vous croyez que lorsque nous avons un tel passé derrière nous, un passé qui nous engage, qui nous oblige à poursuivre notre route dans la voie d'une liberté toujours plus grande, malgré certaines hésitations bien explicables, vous croyez que nous allons ainsi du jour au lendemain, revenir sur nos pas, supprimer tout ce qui fait notre force, en gardant seulement de la liberté les moyens d'attaque dont vous disposez contre nous. C'est un enfantillage.

M. Wallon. — C'est 1789 qui a donné la liberté, c'est 1793 qui l'a supprimée.

M. Clemenceau. — Mon vénérable collègue, monsieur Wallon, je vous remercie de votre interruption. Elle me sera très utile plus tard. Mais je vous demande la permission d'ajourner ma réponse.

Contre qui avons-nous conquis la liberté ? Contre

2.

vous, messieurs de la droite, contre vous, qui êtes le parti de l'autorité, qui gouvernez par l'autorité et qui n'avez jamais eu d'autres propos que de gouverner par l'autorité. Il a fallu que vous fussiez vaincus par nous pour que tous les Français pussent jouir de la liberté, (*Très bien! et applaudissements à gauche*), non pas vous personnellement, puisque, vos amis étant au pouvoir, la liberté, pour vous, comme pour l'église romaine, n'était qu'un privilège! (*Nouveaux applaudissements sur les mêmes bancs.*)

Il y a quelques instants, j'entendais faire d'éloquents appels à la justice. Les orateurs parlaient des abominations qu'à leur avis M. le président du conseil a commises, du peu de cas qu'il faisait des juges, et je me souvenais qu'autrefois — j'avais dix-huit ans — j'ai vu mon père partir pour l'Algérie sans jugement, messieurs de la droite, sans un interrogatoire! (*Vifs applaudissements à gauche.*)

M. Hervé de Saisy. — C'était un attentat contre la justice, c'était abominable.

M. Clemenceau. — Je n'attendais pas moins de vous, mon honorable collègue, et j'étais sûr de votre protestation. Mais, permettez-moi de vous le dire, si vous aviez été sur ces bancs en 1858, vous n'auriez pas pu protester, et voilà ce que je dénonce! (*Nouveaux applaudissements à gauche.*) Alors, il n'y avait pas de liberté de la presse, il n'y avait pas de liberté parlementaire, et personne ne s'est trouvé en mesure d'élever la protestation que vous faites tardivement à cette heure.

Qui est-ce qui a donné cette liberté de la presse et cette liberté parlementaire, et contre qui gagnées? Le parti républicain contre le parti de l'Eglise. Aussi, quand vous parlez de liberté, je dresse l'oreille et j'écoute, et je cherche ce qu'il peut y avoir de juste dans vos réclamations. Mais il faut admettre que, si vous avez le droit au respect de votre liberté, vous n'êtes pas le parti de la liberté, vous êtes le parti de l'autorité, de l'autorité en détresse. (*Applaudissements prolongés sur les mêmes bancs*), de l'autorité vaincue, et vous faites comme Panurge qui, dans sa grande tempête, après avoir invoqué vainement tous les saints du Paradis, invoquait le diable aussi, en se disant : Peut-être viendra-t-il à mon secours! (*Rires approbatifs à gauche.*)

Vous invoquez le diable, la liberté, la liberté que avez toujours condamnée, et vous avez raison parce que la liberté vous entendra, et tout à l'heure, au nom de la liberté, je défendrai vos réclamations dans ce qu'elles ont de légitime.

Messieurs, ces congrégations dont je parlais tout à l'heure, elles sont arrivées, après une possession séculaire, à la veille de la Révolution française, dans quelle situation?

Le clergé avait un revenu de 200 millions quand le budget de la France n'était que de 500 millions. L'Eglise avait un revenu de 200 millions, telle congrégation avait un revenu de 8 millions, et il y avait 1 million et demi de pauvres dans un royaume de 26 millions d'habitants. Elle avait accaparé le prétoire par ses tribunaux d'officialité, en disant que tout procès supposait un tort, tout tort, un péché, et que le péché relevait de l'Eglise.

Elle avait accaparé la mairie, qui a été reconquise sur elle par la reprise de l'état civil. Le mariage, la naissance, la mort, étaient dans ses mains. En dehors d'elle il n'y avait que des naissances illégitimes.

Elle avait accaparé l'enseignement, et les trois quarts de la France ne savaient pas lire! (*Sourires à gauche.*) Et elle refusait l'impôt, je vous prie de vous en souvenir. Elle était le premier ordre. L'ordre du clergé était le premier dans l'Etat, au-dessus de la noblesse. La noblesse payait encore les vingtièmes, la capitation; le clergé ne payait rien; et Boniface VIII lui refusait même la faculté des dons gratuits.

Les congrégations enseignaient; et comment enseignaient-elles? Elles pratiquaient la liberté par la révocation de l'édit de Nantes. Personne ne peut ignorer ici que ce sont les moines qui l'ont imposée à Louis XIV. Elles pratiquaient la liberté d'enseignement en enlevant les enfants de cinq ans aux familles protestantes pour les convertir d'autorité. Et, en 1780, quand il s'agissait de rendre un état civil aux protestants, qui en avaient été privés pendant un siècle, le clergé s'assemblait pour dire à Louis XVI que « le trône et l'autel seraient en danger si on permettait à l'hérésie de rompre ses fers ».

Convenez que j'ai trop facilement raison de vos cris de « Vive la liberté ! »

M. Halgan. — Vous oubliez de dire que les congrégations ont fourni des professeurs à Voltaire et à bien d'autres !

M. Clemenceau. — Je le dirai tout à l'heure.

M. Maxime Lecomte. — Elles ont fait un bon élève!

M. Clemenceau. — C'est un élève dont elles ne se sont pas vantées.

Mais tout à l'heure, mon cher collègue, vous me verrez parler en faveur de la liberté de l'enseignement...

M. Halgan. — Vous me satisferez.

M. Clemenceau. — ... si vous voulez seulement m'en donner le temps.

La nuit du Moyen Age est terminée, l'histoire de l'ancien régime s'achève, la monarchie s'écroule et l'Eglise subit le sort de la monarchie.

Les trois Etats se réunissent à Versailles, nous sommes en mai 1789. En juin, les trois états sont devenus l'Assemblée nationale. L'ordre ancien est fini, il s'agit de créer un ordre nouveau.

Dès le 8 août, avant la déclaration des Droits de l'Homme, qui est de la fin d'août, un membre de la noblesse, je tiens à vous en faire honneur, messieurs (*l'orateur désigne la droite*), le marquis de Lacoste propose une résolution disant que les ordres monastiques sont supprimés : le marquis de Lacoste était un précurseur.

La motion ne parut pas opportune : on attendit. On n'attendit pas longtemps. La déclaration des Droits de l'Homme est de la fin d'août 1789. En février 1790, la motion du marquis de Lacoste reparaît et, cette fois — admirez la rencontre, — ce sont les modérés qui portent la question devant l'Assemblée. Vous avez Rœderer, de La Rochefoucauld (*Se tournant vers la droite*) : — Saluez, messieurs !

M. le comte de Blois. — On l'a massacré.

M. Clemenceau. — Je ne vois pas ce que cela pourrait prouver contre la générosité d'esprit qui l'a poussé à rechercher de bonne foi les conditions nécessaires de l'établissement de la liberté dans sa patrie.

M. le comte de Blois. — Cela a été sa récompense.

M. Clemenceau. — Je vous prie de croire, mon cher collègue, que, si on a massacré quelques monarchistes et beaucoup de républicains, cela ne peut en rien influer sur l'opinion que je peux avoir en ce qui concerne les congrégations. Ce sont des questions d'ordre individuel qui n'ont rien à faire ici. Nous verrons tout à l'heure Louis XVI ratifier la suppression des ordres monastiques, et l'échafaud du 21 janvier 1793 ne prouvera ni pour ni contre la mesure.

M. le comte de Blois. — Je demande la parole.

M. Clemenceau. — J'ai cité Rœderer et de La Rochefoucauld, je cite Pétion, Barnave, Garat, Thouret, tout le parti modéré décrétant la suppression des ordres monastiques. Notre vénérable collègue, M. Wallon, disait l'autre jour avec infiniment d'esprit que l'épithète de radical lui avait toujours paru le superlatif de libéral. Pour ma part, c'est une définition que j'accepte, je le prie seulement de remarquer, qu'en 1789 l'épithète de « modéré » était un diminutif et fut quelquefois même un augmentatif de révolutionnaire.

Eh bien, la discussion s'engage, et sauf M. de La Rochefoucauld, qui se borne à invoquer l'argument utilitaire, et la nécessité de faire droit à l'opinion publique, tous les autres orateurs, tous les orateurs modérés et particulièrement Barnave et Garat insistent sur ce fait capital, qu'il faut supprimer les ordres monastiques parce qu'ils sont constitués en violation de la déclaration des Droits de l'Homme.

Barnave dit : « En se mettant hors de la société, les ordres monastiques sont contraires à la société. »

Garat : « Les ordres monastiques sont la violation la plus scandaleuse des Droits de l'Homme. »

C'est comme sanction de la déclaration des Droits de l'Homme que les ordres monastiques sont supprimés.

Messieurs, le fait est intéressant parce que, depuis, l'argument a fait le fond de la campagne contre les ordres monastiques, et parce que la même question qui s'est posée devant la Constituante se pose encore aujourd'hui devant nous, puisque les ordres monastiques, malgré la loi, se sont reconstitués.

Quelle est donc la véritable doctrine de l'association et de la congrégation, en droit?

La Constituante a voté la loi du 17 février 1790, ainsi conçue : « Les ordres religieux sont et demeurent supprimés en France, sans qu'il puisse en être établi d'autres à l'avenir. » Louis XVI a ratifié. C'est encore la loi de l'Etat.

Quelle est la véritable doctrine de cette loi sur laquelle les Assemblées parlementaires d'aujourd'hui auront bientôt peut-être à se prononcer?

C'est sur ce point que je tiens à m'expliquer. Supprimer les congrégations, cela paraît à première vue, je n'ai nulle envie de le nier, un acte attentatoire à la li-

berté. Je prétends que c'est, au contraire, une conséquence nécessaire de la liberté.

A droite, ironiquement : Vive la liberté!

M. Clemenceau. — Messieurs, si vous considérez
quelle a été l'idée primordiale d'où est sortie la Révolution française, vous reconnaîtrez très vite que la doctrine commune à tous, modérés ou révolutionnaires, a
été celle-ci : La créature humaine, en naissant, apporte
certains droits inaliénables contre lesquels le corps social ne doit faire aucune entreprise et que l'homme lui-
même ne peut pas abdiquer. Voilà la doctrine. Il y a
des droits inhérents à l'existence de l'homme.

M. Hervé de Saisy. — C'est très vrai!

M. Clemenceau. — C'est très vrai, dites-vous? Je
suis heureux d'enregistrer votre observation. Et je le
dis sans ironie, je vous assure.

M. Hervé de Saisy. — Je ne l'aurais pas méritée.

M. Clemenceau. — L'homme apporte, en naissant,
des droits à l'existence, et le socialisme plus tard dira :
Tous les hommes ont des droits égaux à toute l'existence. On n'a pas encore argué contre cette doctrine;
on n'a pu soutenir que certaines créatures humaines ont
des droits supérieurs. Non, doctrinalement, tout le
monde est maintenant obligé d'admettre que toutes les
créatures humaines ont des droits égaux.

Mais, s'il en est ainsi, sur quelle idée se fonde la
congrégation?

On confond souvent le mot « congrégation » avec le
mot « association »; les deux termes, pourtant, sont
contradictoires. Dans congrégation il y a l'idée de trou-
peau, et ce n'est pas sans raison. L'ancien régime n'a
pas connu la liberté d'association, il n'a connu aucune
liberté; il n'a permis et il ne pouvait permettre que
des groupements d'autorité, de domination pour les
uns, de servitude pour les autres. La congrégation, personne ne pourrait le soutenir, n'est pas une association

constituée en vue du développement de l'individu; c'est un groupement d'autorité absolue, c'est un organe du gouvernement théocratique. Et aujourd'hui, par cette même loi dont vous vous plaignez, lorsque nous avons donné la liberté d'association, qu'avons-nous fait? Nous avons fait de la liberté de s'associer le droit commun. Dans quelles conditions? Interrogez les lois sur les sociétés civiles et vous verrez que chaque individu apporte dans l'association l'intégralité de son droit, qu'il en concède une partie dans des conditions strictement déterminées, visées par les statuts, qu'à chaque moment si les statuts sont violés il peut réclamer et traduire l'association en justice; que le Gouvernement surveille lui-même l'exercice de ce droit d'association, la façon dont les statuts sont observés; qu'à tout moment le procureur de la République peut intervenir et déférer le conseil d'administration aux tribunaux; et comparez cette association de liberté avec la congrégation où l'individu, en entrant, a abdiqué sa personnalité elle-même. (*Très bien! à gauche.*) Le droit d'initiative, la liberté, la responsabilité, vous les avez remplacés par l'obéissance; le droit à la famille, fondement de l'Etat, vous l'avez remplacé par le célibat obligatoire; le droit à la propriété personnelle, vous l'avez remplacé par la main morte. Rome est tout, l'homme n'est rien! (*Très bien! à gauche.*)

Le droit d'être, le maintien de la personnalité humaine, vous l'avez remplacé par la suppression de la créature réduite à l'état de cadavre. On vous a donné la vie et vous en avez fait la mort. Eh bien, je dis que l'on n'a pas plus le droit de réduire le corps en esclavage que l'être moral, c'est-à-dire ce qui fait l'homme par excellence. (*Très bien! très bien! sur les mêmes bancs.*)

Je dis qu'il n'y a pas de droit contre le droit pour chacun de vivre et de développer la plénitude de sa personnalité. (*Très bien! très bien!*) Je dis qu'il n'y a pas de liberté de la servitude et que, pour que la liberté soit, il faut que les organes de tyrannie et d'oppression théocratique cèdent la place à la liberté. (*Applaudissements à gauche.*)

On alléguera que les vœux ne sont plus reconnus aujourd'hui et que cela peut suffire. Non, messieurs, car ces vœux, qui ne sont pas reconnus, existent; ils vivent dans l'État, ils ont un privilège, ils font échec à la liberté, et je prétends que la liberté ne sera pas, aussi longtemps que les organes de l'ancienne théocratie n'auront pas disparu de notre territoire.

Messieurs, ce n'est pas que je prétende enlever aux individualités la liberté légitime dont elles ont pu jouir sous le régime de la congrégation.

Je crois que la liberté de se réunir, de vivre en commun, fait partie de la charte des Droits de l'Homme, le droit de prier également; le droit d'enseigner encore. Pour moi, ce droit d'enseigner est la conséquence fatale du droit de penser et du droit de démontrer.

M. Charles Riou. — Très bien!

M. Clémenceau. — J'aimerais mieux que ce fût le pape Léon XIII qui me criât: Très bien! (*Rires et applaudissements à gauche.*)

M. Charles Riou. — Incontestablement, je ne le suis pas!

M. Le Provost de Launay. — Nous n'avons pas, et je le regrette, aucune influence sur lui, soyez-en sûr.

M. Trarieux. — Il n'en a pas beaucoup davantage sur vous.

M. Clémenceau. — Quand je parle pour la liberté d'enseignement, je ne puis pas me dissimuler qu'un certain nombre de républicains ont une opinion contraire. Les tentations sont grandes pour un parti qui est au pouvoir. Il dispose de la force. Les hommes ne seraient pas des hommes s'ils n'avaient pas la tentation d'en abuser.

Je crois que le devoir du parti républicain, au moment où nous sommes, est de faire abstraction des passions violentes qui sont, à certaines heures, déchaînées contre lui, et qu'il doit de bonne foi, en toute tranquillité d'esprit, chercher ce qu'il peut y avoir de vrai et de juste dans les revendications, même présentées sous une forme outrageante, qui lui viennent de ses adversaires. (*Approbation sur plusieurs bancs à gauche.*)

Pour ma part, c'est ma disposition d'esprit. Je ne dis pas que cela ait toujours été. (*Sourires.*) Je dis qu'aujourd'hui c'est un grand souci pour moi de savoir ce qu'il peut y avoir de juste dans les réclamations de nos adversaires et que je crois qu'il est de l'intérêt supérieur de la République d'y faire droit. (*Très bien! très bien! au centre et à droite.*) Je crois qu'il n'y a pas de meilleure manière de servir la République. (*Très bien! sur les mêmes bancs.*)

Je crois que l'histoire de la Révolution enseigne que la violence exercée par le parti de la liberté finit toujours par se retourner contre la liberté. (*Nouvelles marques d'approbation.*)

J'ai lu dans un journal, il n'y a pas bien longtemps, qu'il faudrait que nous eussions des magistrats du vrai, comme il y a des magistrats du juste.

Je ne veux pas faire de peine à M. le garde des sceaux, mais quand je vois ce que les magistrats ont fait du juste, j'ai une très grande appréhension des magistrats de la vérité. (*Sourires.*)

Au nom de quoi pourrions-nous imposer une vérité? Où prendrions-nous ce droit? Pour vous, messieurs de l'Eglise, le monopole est dans vos traditions, vous avez l'autorité, vous êtes détenteurs, dites-vous, de la vérité absolue — il ne faut pas vous en demander la démonstration; mais vous n'en proclamez pas moins que vous avez le dernier mot des choses. — Pour nous, faibles humains, pour nous qui ne possédons que des aspects changeants de vérités et d'erreurs, pour nous, aux yeux de qui le vrai d'aujourd'hui n'est pas toujours le vrai d'hier et pas davantage le vrai de demain, je cherche au nom de quoi nous pourrions imposer une vérité absolue, éternelle, à qui que ce soit au monde; je cherche où nous la prendrions, cette vérité, et je ne le trouve pas. (*Approbation à droite.*)

Non, l'autorité est dans vos traditions, vous êtes les ennemis de la liberté, parce que vous croyez détenir la vérité dernière. Mais nous, qui ne sommes que des hommes faillibles, des hommes changeants, et pour cette raison des libéraux qui faisons appel à la raison, nous avons comme premier devoir, dans les conflits d'idées, de faire confiance à la raison. (*Très bien! très bien! à gauche et au centre.*)

Pour moi, je ne connais pas d'autre règle pour déterminer la vérité d'un jour que la pleine liberté de la discussion. Aussi bien, pourquoi exercerions-nous ce monopole? Dans quel dessein? J'entends bien : on enseignera dans les écoles privées la haine du progrès, la haine de la civilisation moderne et du libéralisme flétri par Rome. Cette haine, ne l'enseignera-t-on pas dans l'Eglise? et certes pas un de vous ne rêve de refuser aux gens la liberté d'aller à l'église.

Alors, véritablement, que vous importe? ne vous sentez-vous plus de taille à affronter cette discussion? Vous l'avez soutenue dans les pires conditions, quand vos adversaires avaient la toute-puissance, quand l'universalité des forces sociales faisait front contre vous. Vous avez vaincu, et votre victoire a été la victoire de la liberté.

Et maintenant que vous êtes au pouvoir, maintenant que vous êtes les détenteurs de la force gouvernementale, est-ce que vous allez prendre peur de la liberté? Cela ne sera pas, et si cela devait être, je ne serais pas avec vous. (*Vifs applaudissements au centre et à droite.*)

Un homme éminent, de qui j'attends beaucoup pour le développement des idées républicaines, qui, je l'espère, sera un jour — dans très longtemps, quand M. Combes aura disparu du pouvoir (*Sourires.*) — ministre de l'instruction publique, M. Buisson, que j'honore et que j'admire, a pris sur cette question une position différente de la mienne. Il a mis en avant deux arguments qui ont beaucoup touché certains de mes collègues. Je tiens à y répondre d'un mot. Il a dit :

« Il n'y a pas de raison invoquée pour enlever aux religieux les écoles publiques qui ne commande de leur enlever les écoles privées. »

Je réponds : non ! L'école publique est le rendez-vous de toutes les confessions. Il y a pour la neutraliser une raison qu'on ne peut invoquer en ce qui concerne les écoles privées. (*Très bien ! très bien ! à gauche.*)

M. Buisson a ajouté :

« S'engager à être professeur, c'est s'engager à penser et à faire penser librement ; c'est promettre d'exercer le sens critique, la liberté de la discussion et l'esprit de recherche. »

Messieurs, comment développerez-vous le sens critique, la liberté de discussion et l'esprit de recherche, si vous supprimez la discussion, partant l'esprit de recherche ; comment ferez-vous sortir la liberté de la contrainte ? (*Très bien ! très bien ! sur divers bancs.*)

D'autres, c'est le plus grand nombre, ont invoqué les droits du père de famille.

Je tiens à m'expliquer sur cette question. Dans la barbarie, ces droits sont absolus. Dans l'ancienne Rome elle-même, le père avait droit de vie et de mort sur l'enfant.

Aujourd'hui, la personnalité de l'enfant se dresse en face de celle de son père, et si le médecin légiste jette dans l'eau un morceau du poumon du petit mort, et trouve qu'il a respiré, le père ou la mère sont condam-

nés : ce sont des meurtriers. Il y a le droit de l'enfant.
Je ne le conteste pas, je le proclame. Mais je me refuse
à discuter dans l'absolu les droits du père et les droits
de l'enfant.

Il y a du côté du père une première violence : il met
un enfant au monde sans sa permission. (*Sourires.*)

M. Maxime Lecomte. — Cela paraît indispensable,
cependant !

M. Clemenceau. — C'est une violence qui n'est
pas négligeable, car elle entraîne pour le nouveau-né
des conséquences redoutables. Celle-là, vous ne proposez pas de la supprimer, n'est-ce pas ? (*Nouveaux
rires.*)

Il y en a d'autres. Par le baptème — qui se donne le
plus souvent à des nouveau-nés — (*Hilarité à gauche.*)
le père prend parti pour son fils. Il le fait encore par
l'éducation. Eh bien ! il faut établir une composante.
L'État doit prendre pour l'enfant des garanties ; mais je
prétends que lorsqu'il a pris des garanties de moralité
et de capacité, il a épuisé son droit, à moins qu'il ne
soit une théocratie, une église et se prétende détenteur
d'une vérité absolue.

Je vous prie de considérer qu'il y a malgré tout un
lien que rien ne pourra rompre entre le père et l'enfant.
Nous ne sommes plus des jeunes gens ici. Quand nous
regardons en arrière, combien de nous peuvent se dire
qu'ils sont parfaitement satisfaits de la carrière accom-
plie ? Messieurs, je crois qu'il n'y a que les sots qui
soient absolument satisfaits d'eux-mêmes, ceux-là
n'avouerons jamais, ne penseront jamais qu'ils ont une
vie manquée. Mais cette vie qu'il aurait pu faire meilleure par ses actes, le père souvent essaye de la refaire
plus haute et plus grande dans sa postérité. (*Très bien !
très bien ! sur un grand nombre de bancs.*) Quoi de plus
légitime pour chacun que d'essayer de se prolonger dans
son enfant ; c'est un sentiment que personne ne peut

détruire, c'est un des grands ressorts de la nature humaine. (*Applaudissements.*)

Les uns cherchent simplement à faire à leurs enfants une situation matérielle meilleure. Les esprits élevés voudraient transmettre à ceux qu'ils ont procréés un idéal de beauté, de bonté, de vérité, qui soit leur plus puissant véhicule dans la vie. (*Très bien ! très bien !*) Vous voudriez détruire ce penchant, vous ne pourriez pas. L'État a trop d'enfants pour être un bon père (*Assentiment*), mais il ne dépend pas de vous de faire qu'un père n'essaie pas de reprendre ce qu'il a pu y avoir de défectueux dans sa vie pour la faire plus haute, plus grande et plus belle dans sa progéniture. (*Applaudissements.*)

Le droit de l'enfant, — et la loi doit l'entourer de garanties, — est là, tout de même ; mais bien loin que l'enfant ait trop de facilité à se conformer aux pensées du père, qui de vous ne sait que le milieu, la critique de tous les jours, tous les événements du dehors assiégeront l'enfant d'une façon d'autant plus efficace que la liberté sera plus grande, qu'il ne manquera pas d'influences contraires à l'autorité morale du chef de famille, et que la tendance est assez forte aujourd'hui pour l'enfant de se mettre en opposition avec les idées paternelles. (*C'est vrai ! très bien !*)

Laissez faire ! Liberté pour tout le monde !

Le père empiétera peut-être quelque peu sur la liberté absolue de l'enfant ; mais le monde extérieur et la critique universelle interviendront, qui rétabliront la balance et assureront bientôt toute la liberté du jeune esprit.

Vous n'empêcherez pas, vous ne voulez pas empêcher le père d'envoyer son enfant à l'église où l'enseignement que vous redoutez l'atteindra ? Alors, que craignez-vous ?

On a dit que l'enseignement était un service public.

D'accord, l'enseignement est un service public ; mais il n'en faut pas raisonner davantage dans l'absolu. L'assistance aussi est un service public. Est-ce que vous condamnerez l'homme qui donnera deux sous à un pauvre, parce que c'est l'affaire de l'Etat ? Assurément non. Vous laisserez la liberté s'exercer à côté des agents du service public.

Il en est de même de l'enseignement. Aujourd'hui je n'en discute pas le fond à dessein ; je prends position, ainsi que je l'ai dit. J'ai pensé que le premier intérêt dans la situation actuelle était de poser les questions. Je les pose. Je n'ai pas la prétention de les résoudre d'un mot. Je vous indique les solutions auxquelles je suis arrivé.

Dans la suite, lorsque le moment viendra, je serai prêt à les discuter à cette tribune.

Messieurs, comme dernier argument, je sais bien que M. le président du conseil a dit : Nous avons la force et nous avons le droit. Il n'a certainement pas entendu dire qu'il dût employer la force autrement qu'au service du droit. (*Mouvements divers.*)

Quant à moi, je vous le déclare nettement et sans arrière-pensée : s'il pouvait y avoir un conflit entre la République et la liberté, c'est la République qui aurait tort. (*Très bien ! très bien ! au centre et sur plusieurs bancs à gauche*) et c'est à la liberté que je donnerais raison (*Nouvelles marques d'approbation sur les mêmes bancs.*)

Oui, certes. Mais ce conflit n'aura pas lieu. Ce conflit ne peut avoir lieu.

M. Charles Riou. — C'est la question.

M. le comte de Goulaine. — C'est ce que nous verrons.

M. de Lamarzelle. — Il est déjà né.

M. Clemenceau. — Ce conflit ne peut pas avoir lieu. La liberté est née du monopole de l'Eglise, et par là, le monopole a découvert son impuissance. L'humanité se meut, elle ne peut pas se laisser emprisonner dans l'organisme immuable de l'Eglise romaine. Ce que vous appelez décadence, — le fait que les esprits s'éloignent de la théocratie, du gouvernement autoritaire, — nous l'appelons, nous, progrès; nous ne pouvons pas nous rencontrer, et le parti républicain est obligé, sous peine de déchéance, de rester fidèle à la liberté. (*Approbation à gauche.*)

L'appareil extérieur du gouvernement politique de l'Eglise, il est vrai, semble inchangé, je pourrais même dire qu'il paraît plus fort. Il l'est même à certains égards. Quand le christianisme est devenu une force dans l'Etat, il y avait bien près de mille ans que la croyance au paganisme était ruinée, comme les comédies d'Aristophane peuvent vous en fournir le témoignage. A mesure que le doute, la critique moderne ont dissocié les croyances, l'appareil de compression de l'Eglise paraît plus fort et plus redoutable que jamais.

Pourquoi? c'est que les intérêts politiques et sociaux se sont groupés derrière cet organisme de résistance pour se défendre.

Qu'importe ! L'humanité se meut; elle évolue vers des destinées supérieures. L'Eglise, pour justifier une parole d'un général juif, avait prétendu fixer la planète dans l'espace : à quelques pas d'ici, dans une église désaffectée, Foucault donne sa revanche à Galilée.

Il n'est pas possible à l'Eglise d'arrêter la marche de l'humanité en route vers des destinées plus hautes. L'homme partout arrive à la pleine conscience de lui-même, fait éclater les liens dans lesquels l'Eglise l'enserra pour l'immobiliser, le momifier dans le dogme.

Des masses aujourd'hui libérées par nous — c'est notre honneur — une sourde rumeur monte de créatures révoltées. C'est le conflit formidable et grandiose de ce qui fut et de ce qui veut être. La justice, toute la justice pour l'homme du travail; la liberté, toute la liberté pour la pensée humaine. (*Vifs applaudissements à gauche et au centre.*)

Où sont vos moyens de défense? Ah ! je sais bien où vous les avez placés. Vous les avez mis dans l'armée, dans la force brutale.

La congrégation avait essayé de s'emparer de l'armée française. Mais son entreprise a été déjouée. L'armée sera bientôt libérée, elle sera l'armée nationale de la France, non de Rome, elle sera l'armée de la démocratie française. (*Nouveaux applaudissements sur les mêmes bancs.*)

L'Eglise elle-même, l'Eglise discute ; la foi rend des comptes à la raison. L'empereur Henri IV a pu aller à Canossa, un Bismark a pu aller à Canossa, les peuples ne vont pas à Canossa. La liberté ne fait pas d'amende honorable. (*Très bien! très bien! à gauche.*)

Le Concordat du dernier César n'est plus qu'un amas de décombres : c'est l'Eglise qui, dans son impatience de domination, l'a jeté bas.

Tout ce qui nous oblige est tenu par elle pour valable, et tout ce qui l'oblige, elle, ne compte pas. C'est avec cette pratique qu'elle a mis le Concordat hors d'usage. (*Rires approbatifs sur les mêmes bancs.*)

Et maintenant, regardez les peuples.

Les peuples slaves, sous une autocratie humaine, qui ira en s'humanisant quelque jour — car l'humanité trouvera sa voie — sont en train de rejoindre l'Orient, l'Asie, mère des primitives lumières, mère des vieilles religions, d'où est sortie la civilisation de l'Occident.

Et pendant ce temps, les peuples affranchis du joug de Rome, à travers l'océan Atlantique, l'Amérique et le Pacifique, sont partis pour les rejoindre, faisant étape aux îles de l'Australasie. La terre se couvre d'hommes libres. La cause de la liberté est gagnée. C'est nous qui l'avons déchaînée. Nous avons appelé les peuples au grand réveil, ils nous ont entendus et les voilà qui s'emparent des continents pour y fonder des sociétés de liberté, de justice ?

C'est notre gloire. Pendant ce temps, où sont les peuples catholiques ?

L'Autriche catholique, vaincue, semble tous les jours, si l'on en croit les apparences, à la veille de la guerre civile ou du démembrement. Puissent ces malheurs nous être épargnés ! La Bavière, vaincue comme l'Autriche, est enchaînée au vainqueur. L'Espagne a perdu tous les fleurons de sa couronne. L'Italie qui se relève — et dont je salue l'avénement heureux — ne sera intégralement libérée que dans la mesure où elle saura s'affranchir du joug romain. La Pologne est démembrée, l'Irlande sous la main de la Grande-Bretagne, et la France vaincue est toujours debout.

Voilà où en sont les pays où subsistent encore les puissances de la théocratie romaine.

Messieurs, nous sommes la France vaincue, mais nous sommes encore la France. Un jour, parce que nous nous obstinions follement à défendre le pouvoir temporel, certaines alliances nous manquèrent (*Protestations à droite*), grâce auxquelles nous aurions pu garder les provinces que, pour ma part, je refuse d'oublier. (*Applaudissements répétés sur tous les bancs.*)

Et maintenant la question se pose de savoir si les qualités primesautières qui firent de nous le premier peuple à l'avant-garde de la civilisation pourront faire place désormais aux qualités de discipline, de méthode, d'obstination résolue qui nous permettront de nous y maintenir ? Serons-nous la France de Rome ou la France de la Révolution ?

La question peut se poser.

L'autre jour, dans cette Bretagne que j'aime, vous m'entendez, et dont moi, vendéen, je suis l'ami, un préfet a été hué pour avoir osé dire : « Vous êtes

Français avant d'être catholiques. » Retenez bien cette leçon.

Que dire encore quand nous voyons certains de nos collègues qui protestent contre la propagation de la langue française dans ce pays? C'est la France de Rome qui se défend. Nous sommes, nous, les fils de la Révolution française, nous avons gardé la noble tradition des aïeux, nous avons hérité la querelle de nos rois pour l'indépendance et nous l'avons magnifiquement agrandie aux proportions de l'humanité par la révolte de l'homme pour la justice et pour la liberté.

La supériorité de notre cause, c'est qu'elle fera, par la liberté faillible, ce que vous n'avez pas pu faire par l'autorité infaillible. (*Sensation.*)

Nous fonderons la paix civile, qui est le but suprême, sur la tolérance des esprits, sur la justice des lois, sur l'agrandissement de la personnalité humaine. Car, messieurs, il faut que vous le sachiez, si nous sommes des soldats sans peur dans l'âpre combat où la fatalité nous engage les uns contre les autres, nous ne sommes pas des aveugles qui luttent dans la nuit. Pour toute violence, nous ne rêvons rien que de faire aux esprits fermés l'heureuse, la généreuse blessure par où s'élance la lumière, d'imposer le droit à qui prétend le dominer.

Notre collègue M. de Cuverville, en descendant de la tribune, disait que nous n'étions pas des hommes de paix. Vous ne nous connaissez pas, mon cher collègue, nous combattons pour l'idéal, et cet idéal est la grande paix humaine. La cause de l'idéal est dès à présent gagnée sur les continents de la terre. Je vous l'ai montré tout à l'heure. Mais l'idéal a encore besoin de notre grand pays. Nous combattons pour la France, nous combattons pour qu'elle garde son rang dans le monde. Il faut que vous le sachiez, et, si vous êtes capables de vous arrêter dans la lutte et de considérer les effets malheureux des dissensions qui nous affaiblissent devant l'étranger, s'il vous paraît que nous ayons assez souffert, que ne proposez-vous la paix dès aujourd'hui ? Si vous n'osez le faire, c'est nous qui vous demandons la paix, nous qui sommes les plus forts, c'est nous qui vous l'offrons — non pas la paix de Rome, non pas la paix de domination pour les uns et de servitude pour les autres, mais la paix de la France, la paix des consciences libérées, la paix du droit égalitaire, qui veut pour les hommes, sans caste, sans classe, sans privilège, la plénitude, toute la plénitude de la vie. (*Applaudissements répétés à gauche et au centre. — L'orateur, en regagnant son banc, reçoit les félicitations d'un grand nombre de ses collègues.*)

« *Après deux courtes répliques de MM. le comte de Blois et de Lamarzelle, M. Clemenceau remonte à la tribune.* »

M. Clemenceau. — Vous me rendrez cette justice, messieurs, que je n'ai pas dit un mot contre l'Église en tant qu'expression des croyances religieuses. Je n'ai parlé que de la politique romaine et du gouvernement romain. Là-dessus je maintiens tout ce que j'ai dit ; je maintiens — et M. de Lamarzelle ne peut pas me démentir — que certaines alliances nous ont manqué en 1870 parce que nous avons défendu le pouvoir temporel, parce qu'il a fallu les victoires de l'Allemagne sur le Rhin pour que le pape vît s'effondrer la porte Pia sous l'effort victorieux de l'Italie. J'ai dit cela, rien de plus. Je laisse aux historiens le soin d'en tirer les conséquences.

Pour les congrégations, j'ai un mot à ajouter, et c'est pour le dire que je suis remonté à la tribune.

Vous vous êtes plaint que nous voulions supprimer les congrégations. Mais, mon cher collègue, permettez-moi de vous l'apprendre, législativement les congrégations sont supprimées. La loi de 1790 est toujours la loi de la France. Ni Napoléon Ier, ni Louis XVIII, ni Charles X, ni Louis-Philippe, ni Napoléon III ne l'ont abrogée. Elle est si bien la loi de la France que les congrégations, pour vivre, sont obligées de demander l'autorisation, c'est-à-dire une faveur.

Seulement, il est arrivé ceci, dont vous ne dites rien : c'est que les congrégations demandent l'autorisation et que si on la leur accorde elles vivent, parce qu'elles sont autorisées, et que si on la leur refuse, elles vivent tout de même, quoiqu'elles ne soient pas autorisées. (*Hilarité.*)

Si bien qu'un jour, M. le président du conseil Combes se trouve en face de l'insurrection du fait accompli, et il voit se dresser devant lui les moines qui lui disent : De votre faveur, nous avons fait **un** droit et nous résisterons par la force aux représentants de la loi. Ils ont résisté par la force. Les pères envoyaient des balles aux soldats de la France, les fils n'envoient plus que des seaux de purin à l'armée française. Voilà toute la différence.

Un membre à gauche. C'est de la défense stercoraire.

M. Clemenceau. — Nous ne craignons rien. Nous avons le droit. Nous avons une loi qui a été faite par l'Assemblée la plus libérale que le monde ait connue, par l'Assemblée constituante, qui a ouvert les temps nouveaux, une loi qui a été sanctionnée par le roi de France. Nous prenons cet héritage tel qu'il est, et nous disons simplement qu'il y a lieu d'appliquer la loi de 1790, qui est, en dépit de Rome, la loi de ce pays. Nous disons qu'avant de procéder à la réforme de l'enseignement, il faut procéder à la réforme des congrégations, c'est-à-dire à leur suppression pure et simple au nom de la liberté. (*Applaudissements sur plusieurs bancs à gauche.*)

C'est pour le dire que je suis monté à cette tribune. Et, mon cher collègue, quand vous jouirez, par le droit commun de la société civile, du droit d'exercer toutes les libertés que la congrégation vous offre aujourd'hui — sauf bien entendu la liberté de machiner l'homme et de le réduire en esclavage, que demandez-vous de plus?

Un des membres les plus éminents de cette Assemblée, avec qui j'avais l'honneur de causer avant-hier, me disait : « Vous n'accordez qu'une demi-liberté ». Je réponds : « Comment la liberté commune à tous les Français, celle qui leur est accordée sans distinction d'opinion ou de classe, celle qui est le bien commun de tout homme qui vient au monde sur notre territoire, liberté créée par la Révolution, maintenue jusqu'à aujourd'hui par l'esprit de la Révolution, ne suffirait-elle pas à l'exercice du droit complet de tous les citoyens français? Qu'on me dise ce qui peut y manquer. On ne le dira pas, car ce qui manque, c'est la liberté de l'esclavage, et cette liberté-là, c'est l'oppression, c'est la tyrannie.

Prenez-y garde : sur le sol de l'ancienne monarchie française, il demeure des organismes de théocratie autoritaire qui encombrent le domaine commun et arrêtent le développement des liberté publiques. (*Très bien! très bien! à gauche.*)

Il faut que le terrain soit déblayé de ces restes de tyrannie. Place nette à la liberté! Faisons un grand chemin pour l'homme libre, pour le peuple français, reprenant, comme aux jours de la Révolution, sa marche heureuse vers l'avenir. (*Vifs applaudissements à gauche.*)

POUR LA LIBERTÉ

DISCOURS

PRONONCÉ AU SÉNAT

Par M. G. CLEMENCEAU

Le 18 novembre 1903

M. Clemenceau. — Messieurs, cette longue et grave discussion aboutira-t-elle enfin à des résolutions de clarté? Je voudrais, pour ma part, y contribuer de mon modeste effort d'autant plus obstinément que la confusion des partis paraît plus grande.

Mon bulletin de liberté va se rencontrer tout à l'heure avec le bulletin d'hommes qui ne réclament la liberté que pour eux-mêmes. (*Très bien! très bien! à gauche.* — *Rumeurs à droite.*)

Je repousse l'omnipotence de l'État laïque parce que j'y vois une tyrannie; eux, parce que ce n'est pas leur tyrannie. (*Très bien! à gauche.*)

Lorsque nous examinerons la question des garanties de la liberté, je me retrouverai en désaccord fondamental avec eux et j'aurai la joie de m'accorder de nouveau avec mes amis.

M. de Lamarzelle. — Nous avons souvent confondu nos votes ensemble dans notre jeunesse, monsieur Clemenceau.

4.

M. Clemenceau. — Vous voyez bien que je n'hésite pas à les confondre de nouveau lorsque ma conscience l'ordonne. (*Très bien! à droite.*)

M. l'amiral de Cuverville. — La liberté pour tous!

M. Clemenceau (*s'adressant à la gauche*). — Vous voulez, mes chers amis, enlever le pouvoir politique aux ennemis de la République. C'est quelque chose. Ce n'est pas assez, parce que le pouvoir politique est éphémère et passe. Je me propose encore de leur enlever le pouvoir sur les âmes. Et je ne puis le faire, moi qui répudie tout de leurs idées, comme eux tout des miennes, que par la liberté, parce que l'âme ne se rend pas à la contrainte. (*Très bien! à gauche.*) Si la contrainte avait pu prévaloir, l'Église serait maîtresse du monde. Je profite de la leçon.

Ma préoccupation ici, celle qui me guidera au cours de mes observations, est unique : je veux préserver de toute atteinte, dans la République, l'idéal républicain de libération humaine. Je veux montrer que la défense républicaine ne peut marcher de pair qu'avec le maintien intégral, le développement du droit républicain.

Messieurs, définissons les termes. Dans l'enseignement, comme dans toutes les autres parties de la construction politique, tout dérive de deux principes primordiaux : l'autorité et la liberté. Ce sont les mêmes mots, ce sont deux conceptions absolument différentes et absolument contraires dans la monarchie et dans la République.

Dans la monarchie que nous avons connue, l'autorité vient d'en haut : c'est une délégation du pouvoir divin. La liberté, je serais bien embarrassé de la définir : elle n'existe pas. Mettons que, de temps à autre, le souverain peut avoir des accès de tolérance. Dans la République, la liberté, c'est le droit commun de chacun, et l'autorité — ici je me tourne du côté de mes amis — ne peut être que la garantie de la liberté de chacun.

(*Très bien! à gauche.*) Seulement, il se produit une circonstance qui modifie quelque peu la position de chacun.

Les républicains ont renversé la monarchie au nom de la liberté. Puis, maîtres de l'autorité, ils ont éprouvé quelque peine à se dessaisir d'une puissance qui n'avait pu sauver la monarchie.

Et, d'autre part, des monarchistes qui n'avaient jamais accordé la liberté ne pouvaient faire autrement que de la réclamer dans l'opposition. De là une interversion des rôles, et c'est précisément ce qui m'amène à expliquer à mes collègues comment tout à l'heure mon bulletin va se trouver confondu, pour un très court instant, avec ceux de la droite.

Malgré la grande tentation de ne pas se dessaisir, ou de se dessaisir dans la moindre mesure possible, de cette autorité que notre parti détenait, nous avons cependant établi des libertés que, jusqu'ici, ce pays n'avait jamais connues. (*Légères rumeurs à droite.*) Ne protestez pas.

Nous avons donné la liberté de la presse telle qu'aucun régime en France ne l'avait pratiquée. nous avons donné la liberté de réunion telle qu'aucune forme de gouvernement en France n'aurait jamais pu vivre sous un pareil régime. Et nous sommes en train d'établir, malgré vous (*l'orateur désigne la droite*), la liberté de conscience en libérant ce pays du joug de l'Église catholique. (*Très bien! Très bien! à gauche.*)

Quand nous avons donné ces libertés, qu'est-il arrivé? Nous avons confondu nos bulletins avec ceux de la droite, et cela au nom de la liberté que cette même droite nous aurait refusée si les rôles avaient été intervertis. En toutes circonstances mon bulletin a répondu à l'appel de ceux de nos collègues qui demandent la liberté. Aujourd'hui, mon bulletin, même si je ne suis suivi d'aucun de mes amis, se confondra de nouveau avec ceux de la droite pour la même grande cause de la liberté républicaine. Non pas que je prétende concéder une faveur à quelqu'un, mais je soutiens que la République doit donner le même droit à tous sans distinction d'idées ni de partis. Il n'y a pas de grâce, il n'y a pas de faveur, de privilège dans la République, il y a le Droit, et nous devons concéder le même droit à tous les citoyens! (*Très bien! sur divers bancs.*)

Messieurs, l'erreur fondamentale de ce débat, à mon sens, c'est que les républicains sont convaincus que la loi Falloux a été une loi de liberté. Ils se disent : « La liberté n'a pas été favorable aux républicains, elle a été favorable aux ennemis de la République. Mes chers collègues, la liberté d'enseignement n'a jamais existé chez nous, la loi Falloux a été une loi de réaction politique et sociale, sous la direction de l'Eglise, ayant pour instruments toutes les corporations dépendant de l'Eglise.

Ce fut une loi dont la cause originelle est bien facile à découvrir. Vous savez tous que l'apparition du socialisme a rejeté brusquement toute la bourgeoisie libérale française, à un certain moment, dans les bras de l'Eglise pour organiser la défense sociale de ses intérêts de classe. Il suffirait de vous donner brièvement lecture de quelques paroles significatives prononcées au cours de la discussion, pour vous faire saisir tout de suite le caractère de cette loi.

La réalité, c'est que la loi de 1850 n'a pas accordé la liberté à des hommes, comme le fait la doctrine républicaine, mais bien le privilège à des corporations de servitude romaine qui annihilent l'homme, qui le suppriment pour la domination.

Vous citerais-je les paroles de Barthélemy-Saint-Hilaire disant : « Ce n'est pas la liberté qu'on nous demande, c'est la domination. Ce n'est pas la liberté d'enseignement, c'est la liberté d'être les maîtres. »

Et Montalembert : « J'ai fait vingt ans la guerre à

l'Université. » Il se vante d'avoir « voté la loi contre les instituteurs primaires » ; il cite M. de Broglie disant : « C'est le baccalauréat qui produit les révolutionnaires. »

Montalembert encore : « Qui défend l'ordre ? C'est le curé », — (c'est là le fond de la question), — « il représente l'ordre moral ». Il ajoute : « Il faut choisir entre le socialisme et le catéchisme. »

Il blâme les pères qui déclassent leurs enfants.

Il a été dénoncé à Pie IX comme trahissant la cause de la destruction intégrale de tout enseignement non clérical. Il s'en excuse, il s'en est tenu à ce qu'il réclame, par « esprit de conciliation ». Il avait dit : « L'Eglise sera reine ou elle ne sera pas. »

Si tel était l'esprit des auteurs de la loi Falloux, tout s'explique de cet ensemble.

On supprime les grades : les grades sont contraires à la liberté. On donne pour base à l'enseignement l'ignorance ; on réduit le programme primaire, après d'éloquents anathèmes à l'astronomie coupable de désaccords avec la Bible ; on abroge l'ordonnance de Charles X qui, en 1828, interdisait l'enseignement aux congrégations non autorisées. Je n'ai pas à vous dire qu'on livre les conseils académiques, le Conseil supérieur aux prêtres et à leur clientèle. Ai-je besoin de vous apprendre que ces conseils, dans les mains du clergé, font la guerre aux instituteurs républicains, qu'on ferme les établissements indépendants de l'Eglise, qu'on supprime le cours de Michelet au Collège de France ? En vérité, ce sont des faits qu'il est inutile de vous rappeler : vous les connaissez, ce sont les actes caractéristiques de « l'expédition de Rome à l'intérieur. »

« L'enseignement n'est pas une matière civile », s'écriait M. Parisis, évêque de Langres. C'est le monopole que demande Rome sous une apparence menteuse de liberté.

Aussi ne vous trouvez-vous pas seulement en face d'un problème scolaire. C'est un problème politique, dont le problème scolaire n'est qu'une partie qu'il vous appartient de résoudre dans le même esprit que l'ensemble.

Comment la lutte continua, après la République proclamée, nous le savons tous.

En 1875, la majorité cléricale de l'Assemblée nationale poursuivait l'œuvre de la loi Falloux par sa loi sur l'enseignement supérieur en instituant le diplôme d'Eglise. Et quand la République reprit l'avantage, Jules Ferry proposait aux Chambres le vote de l'article 7, qui n'était pas autre chose (combien modeste était l'ambition républicaine !) que l'ordonnance de Charles X, en 1828, déclarant que les congrégations non autorisées ne pourraient pas enseigner.

Charles X, sous le masque de Jules Ferry (*rires*), fut jugé trop libéral encore par l'honorable M. Ribot, qui combattit l'article 7.

Si je mentionne ce nom, c'est pour que, dans la confusion des idées présentes, il soit bien entendu que la doctrine de la liberté que je viens défendre, si elle n'est pas celle de M. de Lamarzelle, n'est pas davantage celle de M. Ribot.

Et, pour montrer à quelle fin tendaient tous les efforts de l'Eglise, laissez-moi vous citer une phrase, une seule, d'un homme singulièrement qualifié pour prononcer en la matière, l'honorable M. Lucien Brun, qui occupait une position éminente dans la principale université catholique de France.

Dans son *Introduction à l'étude du Droit*, il posait admirablement la question qui revient éternellement devant nous : « La puissance spirituelle est supérieure à la puissance temporelle ; en cas de conflit entre les deux, le jugement appartient au pouvoir spirituel. » C'est la négation de toute liberté.

Voilà la question de fond. On parle de ce que l'on veut ou de ce que l'on ne veut pas enseigner dans les écoles. La question de principe entre nous est de savoir à qui appartient le pouvoir social, et s'il doit se faire une division de puissance spirituelle et temporelle. Quant à moi j'estime avec M. Brun que, s'il y a une distinction à faire entre les deux puissances, il est certain que la puissance spirituelle doit l'emporter sur la puissance temporelle. Mais où résidera-t-elle si ce n'est dans la conviction librement formée? Ce n'est pas ainsi que la question nous est posée et ici j'ai le regret de me trouver l'antagoniste très résolu de mon honorable collègue et ami, M. Lintilhac.

M. Lintilhac nous propose de transférer la puissance spirituelle du pape à l'État, du pape infaillible, immuable, à l'Etat faillible et changeant. C'est un catholicisme civil, laïque, avec un clergé universitaire. (*Rires.*)

M. Lintilhac. — J'ai dit : « profitant de l'expérience sociale ».

M. Clemenceau. — Messieurs, c'est Aristote qui le veut ainsi. (*Hilarité générale.*)

M. Lintilhac. — C'est l'Etat républicain !

M. Clemenceau. — Jamais roi n'a osé dire cela. Vous nous avez apporté ici une phrase d'Aristote qui doit être lue de nouveau à la tribune comme le fondement de votre opinion : « L'éducation doit être unique et identique pour tous. Il faut bien se garder de croire qu'un citoyen s'appartienne à soi-même, tous appartiennent à l'Etat ». (*Rires.*)

M. le comte de Goulaine. — C'est admirable !

M. Clemenceau. — Messieurs, vous savez que cette citation nous a été apportée sous forme de rébus, et qu'on nous a invités à en deviner l'auteur. Au moment où M. Lintilhac a dénoncé Aristote, j'allais dire : « Ignace de Loyola ». (*Nouvelle hilarité.*)

Car vous avez bien retrouvé là le *Perinde ac cadaver*. C'est bien la doctrine de l'absorption totale, sans réserve, de l'individu dans la corporation. C'est l'idéal de la Congrégation que vous reprenez à votre compte.

Il y a un personnage légendaire que je me reprocherais de nommer à cette tribune, qui pour éviter la pluie se jette dans la rivière. (*Rires.*) Pour éviter la Congrégation, nous faisons de la France une immense Congrégation. (*Très bien! très bien!*) C'est le mot d'ordre de la République prochaine.

Messieurs, vous avez bien remarqué cette phrase : « Tous les hommes appartiennent à l'Etat. »

On avait commencé par nous dire : « Les enfants sont la propriété de l'Etat. »

La pente est dangereuse. Il y a trois ordres d'enseignement. Les libéraux du monopole n'ont demandé d'abord que le monopole de l'enseignement primaire. Et puis, quand il s'est agi de savoir où commencerait la liberté de l'homme et où finirait l'annihilation de l'enfance, les hommes de logique ont demandé qu'on leur confiât encore l'enseignement secondaire.

Enfin M. Lintilhac, logique jusqu'au bout, exige le monopole de l'enseignement supérieur. C'est-à-dire que vous enverrez à l'armée, à l'ennemi, des hommes de vingt ans qui, lorsqu'ils auront quitté les drapeaux, reviendront pour achever leur éducation. Et M. Lintilhac, à cette heure-là même, lorsqu'ils auront couru le risque de la mort pour la patrie, ne leur concédera pas encore liberté de savoir, la liberté de la vie. (*Très bien! très bien!*)

Eh bien, messieurs, je ne puis pas être de cette doctrine où l'abstraction Etat devient le Moloch insatiable en qui toute vertu, on nous l'a dit expressément, est de s'abimer pour jamais. C'est un saut de deux mille ans en arrière.

Nous avons fait la Révolution française.

Nos pères ont cru que c'était pour s'affranchir ; pas du tout, c'était pour changer de maître.

Ah! c'est la tendance universelle de ceux qui trouvent plus facile de détruire l'idole que de supprimer en eux l'esprit de superstition. (*Très bien! très bien! sur un grand nombre de bancs.*)

Quand Brutus a tué César, une voix sort de la foule : « Il faut faire Brutus César! »

Oui! nous avons guillotiné le roi, vive l'Etat-roi! Nous avons détrôné le pape : vive l'Etat-pape! Nous chassons Dieu, comme disent ces messieurs de la droite : vive l'Etat-Dieu !

Messieurs, je ne suis pas de cette monarchie, je ne suis pas de ce pontificat. (*Très bien! très bien!*)

L'Etat, nous le connaissons bien : il a une longue histoire, toute de meurtre et de sang. Tous les crimes qui se sont accomplis dans le monde, les massacres, les guerres, les manquements à la foi jurée, les bûchers, les tortures, tout a été justifié par l'intérêt de l'Etat, par la raison d'Etat. (*Approbation sur divers bancs.*) Je ne dirai pas, par principe républicain, qu'il y a eu de bons rois — cela ferait trop de plaisir à ces messieurs de la droite (*rires*), mais, cependant je dirai qu'il y a eu des rois bons.

M. Victor Leydet. — L'exception confirme la règle.

M. Clemenceau. — Il y a bien eu des papes religieux! (*Nouveaux rires.*) Il se peut même qu'il y en ait eu qui se soient essayés à la tolérance. L'Etat est de sa nature implacable ; il n'a pas d'âme, il n'a pas d'entrailles, il est sourd au cri de la pitié ; on n'émeut pas l'Etat, on ne peut pas l'apitoyer.

Parce que je suis l'ennemi du roi, de l'empereur et du pape, je suis l'ennemi de l'Etat omnipotent, souverain maître de l'humanité.

En vérité, croyez-vous que j'aie quitté la monarchie, que j'aie renoncé à cette antique Providence qui tient les clefs de l'Enfer et du Paradis, à l'Evangile de douceur et de charité qui fut proclamé sur la Montagne, pour adorer le monstre Etat tout dégouttant de sang humain, responsable de toutes les abominations dont a gémi, dont gémit encore l'humanité?

Non, je ne le peux pas.

Hier, ne nous disait-on pas que l'Etat était supérieur à la Justice? Je ne suis pas le sujet de cet Etat. Et si vous regardez les chrétiens, les catholiques, quelle leçon pour vous?

Vous êtes-vous jamais demandé pourquoi et comment les chrétiens, qui furent une liberté dans le cirque, en étaient arrivés à traduire le précepte « Aimez-vous les uns les autres » par des supplices, par des massacres, par des bûchers ?

La question est intéressante, messieurs, parce qu'elle est pleine d'enseignements pour vous à cette heure.

Eh bien, j'y vais répondre. C'est qu'ils ont été victimes de la même illusion que vous : ils ont voulu être l'Etat. (*Très bien! très bien!*) Ils étaient une chose admirable, un des plus beaux élans qu'on ait vus dans le monde, jusqu'au jour où ils ont cru trouver dans l'Etat une force pour leur propagande. Ce jour-là, le christianisme a sombré, il n'a plus été qu'une corporation de domination par le fer et le feu ; il a été la pire tyrannie qui soit au monde ; et bien que murmurant encore les paroles qui leur viennent de la tradition, les catholiques n'aspirent à rien de moins qu'à reconquérir le pouvoir politique pour refuser les libertés qu'ils nous demandent aujourd'hui, c'est-à-dire pour continuer contre nous l'oppression dont ils furent autrefois. (*Applaudissements à l'extrême gauche et sur quelques bancs à gauche.*)

Eh bien, M. Lintilhac n'a pas vu cela. (*Hilarité générale et applaudissements.*)

M. Lintilhac. — Il ne faut pas me faire dire ce que je n'ai pas dit.

Pourquoi accabler l'Etat idéal démocratique de demain avec les crimes de l'Etat d'hier dont j'ai horreur autant que vous? C'est une solidarité que je repousse et que je n'ai jamais établie.

M. Clemenceau. — On peut toujours repousser toute solidarité avec le passé, mais je vous assure, mon cher collègue, qu'il ne dépend nullement de vous, de moi ni de personne ici de dire ce que sera l'Etat de demain. (*Très bien!*)

M. Lintilhac. — Ce sera notre vertu de le faire bon.

M. Clemenceau. — Mais cela ne dépendra pas toujours de vous. Vous n'en aurez pas le pouvoir si vous le faites omnipotent. Que pèsent les intentions? Ceci n'est pas un dialogue, je vous prie de me laisser continuer. Vous connaissez mes sentiments pour votre personne, mais je ne puis admettre votre thèse et j'ai bien le droit, je pense, de la contredire : vous n'avez pas encore le monopole de la leçon. (*Vifs applaudissements.*)

M. Lintilhac. — Cependant, je ne peux pas me laisser prêter comme opinion ce que je n'ai pas dit !

M. Clemenceau. — Je n'ai cité aucune parole de votre discours, je montre l'aboutissant de votre thèse. Dans tous les cas, laissez-moi parler. Vous me répondrez, si vous voulez, quand j'aurai fini.

J'ai dit que la charité de l'Evangile s'était traduite en violences sanglantes, et j'ajoute qu'il en fut ainsi d'abord de notre belle devise révolutionnaire.

Notre œuvre est aujourd'hui d'en faire la réalisation pacifique. Prenons garde qu'en cherchant cette réalisation dans l'omnipotence de l'Etat nous n'aboutissions qu'aux violences qu'a toujours produites l'omnipotence de l'Etat. C'est ce que M. Lintilhac n'a pas compris, à mon très grand regret.

Messieurs, il y a dans une vieille chanson de mon pays un paysan qui revient de Paris et qui raconte ses impressions. Il n'a pas pu voir la ville, les maisons l'en ont empêché. (*Rires.*) Eh bien, il est arrivé à mon honorable collègue le phénomène inverse. (*Nouveaux rires.*)

La forêt l'a empêché de voir les arbres, l'Etat l'a empêché de voir les citoyens, et, de fait, l'homme fut ignoré de toute l'antiquité qui l'absorba dans la Cité ! Il fallut la Révolution française pour le découvrir et lui donner ses droits. C'est même ce qui nous oblige aujourd'hui à constater que dans l'Etat il n'y a qu'une réalité vivante, concrète, avec laquelle vous soyiez tenu de compter : l'homme, que nous voulons libre et juste. (*Très bien ! très bien !*) L'Etat que vous invoquez, je l'invoque avec vous, mais comme garantie suprême du développement humain par la justice et par le droit.

J'entends bien : Vous rêvez l'Etat idéal. Ainsi Platon, ainsi Aristote, ainsi Thomas Morus, ainsi d'autres rêveurs. Vous rêvez l'Etat idéal. Cet Etat, dans les livres, vous le ferez aussi beau qu'il pourra vous plaire. Mais nous sommes ici des hommes faibles, changeants, aux prises avec la réalité. Qui de nous peut se dire immuable? Croyez-vous que je n'aie jamais changé dans ma vie? Quelle condamnation ce serait de moi-même ! (*Très bien ! à gauche.*)

Et vous cherchez un dogme d'Etat ! l'Eglise possède son dogme : elle sait très bien pourquoi il lui faut le monopole de l'enseignement. M. Lucien Brun vous l'a dit tout à l'heure. Elle a son dogme à elle, il est écrit, il lui vient du Ciel : elle veut le propager parmi nous, l'imposer aux hommes récalcitrants. Mais nous? Où est notre dogme? Que suis-je à même d'imposer comme vérité absolue à qui que ce soit ici? Je suis très fort, si je puis convaincre, déplorablement faible si je veux imposer, puisque je ne dispose pas des foudres de la Providence.

Où est votre dogme? Vous ne pouvez pas me répondre parce que vous n'en avez pas, parce que vous ne pouvez pas en avoir.

Dans votre enseignement monopolisé, il faudra bien

que le professeur, en chaire, dise quelque chose. Il faudra bien qu'il prenne parti. Il faudra bien qu'il dise s'il approuve où s'il blâme. Quand il arrivera à l'histoire de Tibère et quand il lui faudra raconter certain drame de Judée, quelle opinion aura-t-il? Est-ce que Jésus-Christ sera Dieu ou homme seulement, dans la doctrine de l'Etat? Et quand le narrateur en arrivera à ce grand phénomène du christianisme qui encombre l'histoire, qui a été et qui est encore aujourd'hui au premier plan des pensées et des actes de la civilisation, comment le qualifiera-t-il? Quelle opinion en donnera-t-il à ses élèves au nom de l'Etat?

M. Crémieux. — Mon cher collègue, avec ce système-là vous allez jusqu'à nier le contrôle de l'État.

M. Clemenceau. — Mon cher collègue, je ne nie pas du tout le contrôle de l'État, je montre que le monopole d'Etat dont vous êtes un partisan résolu conduit à l'obligation d'avoir un dogme, et ce dogme, je vous défie de le formuler. Vous ne le formulerez pas, c'est impossible. Et pour ne pas me borner à une pure assertion, je prends un ou deux grands phénomènes historiques, et je vous montre l'impossibilité où vous êtes de prendre un parti d'exprimer une opinion d'Etat dans cet enseignement dont vous réclamez le monopole.

Que direz-vous, je vous le demande, du catholicisme? Comment le jugerez-vous? Quelle sera la formule qu'il faudra admettre pour être un bon élève et être reçu avec des boules blanches dans un de ces collèges dont vous aurez le monopole? Et quand la Réforme arrivera, quand Luther se lèvera, comment jugerez-vous, après tous les hérésiarques qui sont morts sur le bûcher, l'hérésiarque réformateur qui les continue et leur donne la victoire?

Vous ne pouvez pas les ignorer. Il faudra bien avoir une doctrine d'Etat là-dessus, dire qui a eu tort ou raison, si l'Eglise a bien fait de brûler Jean Huss ou si l'Etat l'en blâme.

5.

Oui, quand vous aurez à parler de cette grande époque de la Réforme, comment ferez-vous ? Quel concile — pardonnez-moi le mot — quel concile de pions sera chargé de donner la formule infaillible d'un jour ? (*Rires approbatifs sur un grand nombre de bancs.*)

M. Charles Riou. — Ce sera le conseil des ministres !

M. Clemenceau. — Et quel moyen avez-vous de l'imposer ! Ah ! avant la Révolution française, la partie était belle pour les dominateurs. On avait la seule puissance qu'il y eût dans le monde. Mais, cette puissance, nos pères l'ont prise, l'ont broyée, l'ont réduite en poussière et l'ont jetée en éléments de .liberté à l'humanité tout entière.

Et maintenant voilà que vous cherchez à rassembler quelques fragments épars pour en faire un minuscule bloc d'autorité contre lequel donneront d'ensemble toutes les libertés que de vos mains vous avez déchaînées. Folie ! (*Murmures à l'extrême gauche.*)

Il n'y a pas de plus grande erreur, il n'y a pas de plus grande faute.

Oui, vous protestez, vous dites : Ce n'est pas ce que nous voulons faire. Qu'est-ce que le monopole, sinon la tyrannie, puisque vous prétendez déterminer les choses qu'il sera permis d'enseigner et que vous ne permettez pas d'en enseigner d'autres ? Vos intentions sont bonnes. Je vous montre où vos actes conduiraient. L'entreprise de contrainte est un terrible engrenage. Vous ne sauriez dire vous-même où vous pourrez vous arrêter. Et vous vous lancez dans cette aventure sans issue quand vous n'avez même pas pu appliquer votre très modeste loi d'obligation ? Vous avez fait l'instruction obligatoire et vous n'avez pas pu l'appliquer.

Tous les ans, on constate qu'un nombre trop grand des conscrits qui arrivent sous les drapeaux ne savent même pas lire !

Un Sénateur. — C'est vrai !

M. Le Provost de Launay. — Ce sera bien pis maintenant.

M. Clemenceau. — L'autre jour, j'entendais un de mes bons amis de ce côté-ci de l'assemblée (*l'orateur montre la gauche*), dire : « Nous ne sommes pas bien révolutionnaires, nous ne demandons que le retour à la loi de 1808. (*Sourires.*)

Oh ¡non ! vous n'êtes pas bien révolutionnaires ! je vous trouve même assez réactionnaires ! (*Rires.*)

La loi de 1808, c'est la loi de Napoléon. C'est la loi du temps où Napoléon prononçait la parole qu'a si opportunément rappelée M. Béraud : « Il n'y a rien que je ne puisse faire avec mes gendarmes et mes prêtres ! » (*Mouvements divers.*)

Remplacez le mot « prêtres » par le mot « instituteurs » (*nouveaux mouvements divers*), et vous aurez l'idée de derrière la tête des partisans du monopole.

Messieurs, si vous pouviez réussir, vous mettriez aux mains du suffrage universel, aux mains des majorités changeantes qui se succèdent dans les assemblées, l'instrument de réaction le plus formidable qui ait encore été vu dans le monde, car toute responsabilité serait insaisissable, dispersée dans la foule anonyme.

Nous savons tous que le suffrage universel, instrument d'émancipation, n'a pas eu des débuts qu'on puisse qualifier de libérateurs. Qu'en serait-il d'un instrument qui ne peut servir qu'à une réaction effrénée aux mains d'une foule irresponsable ?

C'est que tout se tient dans le monde. Il ne suffit pas d'employer le mot bloc, il faut le comprendre.

Napoléon avait une certaine suite dans les idées, quoi qu'on en dise. (*Rires.*) Lui partout, la liberté nulle part. Où était la liberté de la presse dans ce temps-là ? Où était la liberté de réunion ? Où était la liberté de conscience ? L'Eglise avait été achetée par le Concordat, par la reconnaissance des Frères de la doctrine chrétienne.

C'était contre l'idéologie, contre les républicains que se faisait le monopole napoléonien. Et la roue a tourné, et vous voilà maîtres du pouvoir.

Il y a trente ans que vous êtes les maîtres, et, sous le régime de cette loi mauvaise, vos majorités ont toujours été en croissant, et un sénateur monarchiste, l'autre jour, vous disait : « Nous sommes trente dans cette assemblée ». Vous l'avez donnée, cette liberté de la presse, cette liberté de réunion, cette liberté d'association dont Napoléon a eu peur, et vous êtes en train de donner, et vous donnerez bientôt, j'en ai l'espoir, la pleine liberté de conscience.

Et vous voulez, dans cet édifice de libertés que vous êtes en train de construire, introduire tout à coup la partie d'autorité la plus violente, la plus pernicieuse, la plus choquante pour toutes les consciences de tous les temps ! (*Vive approbation sur divers bancs.*) Cela n'est pas possible. Vous pouvez le faire, on peut tout faire, surtout on trouve toujours toute facilité à commettre une erreur. Le peuple est faillible aussi. Nous n'avons pas encore remplacé le pape par le peuple infaillible, nous sommes tous faillibles. Mais lorsque nous nous sommes orientés vers la libération des hommes et des intelligences, quel contresens, quelle aberration de reculer tout à coup épouvantés devant notre œuvre et d'en appeler, comme des enfants pris de peur, à une autorité soi-disant protectrice dont nous serions les premières victimes ? (*Très bien ! très bien !*)

Non. Nous avons fait confiance à la liberté et nous devons continuer de lui faire confiance. Nous dissocions notre Bloc d'affranchissement quand nous refusons de libérer l'enseignement.

J'entends bien que ma parole n'a pas ici toute l'autorité qu'il faudrait pour faire réfléchir quelques-uns de mes meilleurs amis. Cependant, dans la discussion même de cette loi Falloux, la bonne parole a été dite particulièrement par un homme que vous honorez tous. Il faut que je vous la rappelle parce qu'elle est de nature à vous faire hésiter tout au moins.

Edgar Quinet, combattant la loi Falloux, disait : « On ne force pas le principe d'une société. Lorsque la législation d'un peuple est conçue dans un esprit, on ne peut pas, impunément, mettre une loi particulière en contradiction avec les autres ; ce serait arracher la pierre de fondation de la société pour s'en faire une arme d'occasion. »

Voilà la meilleure définition que l'on puisse donner du monopole et de la loi Thézard : c'est une pierre que vous arrachez de la fondation républicaine pour vous en faire une arme d'occasion sans calculer le dommage fait à l'édifice de liberté ! La vérité, c'est que l'Eglise est un bloc d'autorité divine, une théocratie ; la monarchie absolue, un amalgame d'autorité divine et humaine où l'esprit humain, toujours croissant, a élargi la fissure entre ce qui est divin et ce qui est humain. Et pour vous — que vous le vouliez ou non — même si vous deviez, à l'unanimité, renier votre principe ce soir, vous êtes un bloc de puissances libératrices qui devez un jour déterminer la justice par le dévelopment de l'individu, sous la garantie de l'Etat. Sinon, vous n'êtes que des esclaves révoltés qui cherchez à déplacer la tyrannie au lieu de l'éliminer. (*Très bien ! très bien ! sur un certain nombre de bancs.*)

Le progrès ne peut pas résider dans une abstraction, dans un changement de mots ou de formes. Vous ne le trouverez tangible que dans la seule réalité de l'homme vivant, de l'individu : c'est l'homme qui est la mesure des progrès accomplis. Le progrès est dans l'accroissement de son domaine d'action libérée, à mesure que la discipline qu'il peut s'imposer à lui-même lui permet d'en faire un usage plus équitable, meilleur pour ses concitoyens.

Autrement vous n'auriez fait que changer de maîtres, passer du joug de la personnalité royale au joug de l'impersonnalité de la foule et des majorités : joug de pontificat, joug de roi, joug de majorité, joug toujours !

Si nous voulons nous délivrer nous-mêmes, il faut délivrer tout le monde.

C'est ainsi que l'avaient compris nos pères. Où sont donc les ancêtres de M. Lintilhac dans le parti de la liberté? (*Hilarité.*)

M. Dominique Delahaye. — C'est Aristote !

M. Clemenceau. — Je les ai cherchés je ne les ai pas trouvés en dehors d'Aristote, qui n'offre peut-être pas des titres suffisants à des républicains.

La Révolution s'est prononcée sur la question de la liberté de l'enseignement. Elle a dit, à deux reprises : « L'enseignement est libre. »

M. Delpech. — Il n'y avait plus de congrégations.

M. Clemenceau. — Il y avait toujours les idées que la congrégation représente. Si vous voulez me laisser parler, vous verrez tout à l'heure ce que j'entends faire des congrégations.

La Révolution a dit : « L'enseignement est libre. » Et lorsque mon ami Leydet tout à l'heure m'objectait : « Il y avait le certificat de civisme », la réponse est, en vérité, trop facile. La Révolution avait dit aussi, avait écrit sur les murailles « Liberté, Egalité, Fraternité », et elle avait donné à ce principe, par un reste d'éducation autoritaire catholique, le commentaire de la guillotine.

Il n'en est pas moins vrai que la Révolution française est le plus grand mouvement d'émancipation qui se soit produit dans le monde. Ne regardez pas aux actes, c'est une mêlée, c'est une bataille ; regardez aux idées qui ont merveilleusement germé depuis lors et vous verrez que, sur la question d'enseignement comme sur le reste, la doctrine de liberté a été formulée d'une façon éclatante par nos grands révolutionnaires : « L'enseignement est libre! »

Je ne parle pas de la Constitution de 1830 et de la Constitution de 1848 qui l'a suivie. Toutes deux ont fait appel à la liberté d'enseignement. Lorsque M. Béraud vous a cité les noms des hommes qui avaient combattu la loi Falloux, de nos amis, des républicains, Pascal Duprat, Crémieux, Victor Hugo, il nous a dit : Ces hommes ont pris parti contre la loi Falloux, mais il a oublié de nous dire que tous, sans une seule exception, se sont prononcés pour la liberté d'enseignement. — Je ne veux pas vous encombrer de citations. J'ai les documents sous la main. Il est inutile d'apporter la preuve puisque le fait ne peut pas être contesté. Tous les républicains ont été unanimes, on n'a pas trouvé un seul républicain partisan du monopole. Tous ont parlé en faveur de la liberté, jusqu'à ce « bon Ledru-Rollin », comme on a dit, dont l'opinion ne me paraît point négligeable.

Je sais que la question a pris un aspect différent lorsqu'a reparu la vieille théorie du bonheur social par l'enrégimentation des hommes aujourd'hui prêchée par une fraction nouvelle du parti républicain, le parti socialiste, dont je ne parlerai qu'avec respect, parce que sa cause est grande, que ses revendications de justice sont nobles et qu'aucun homme ne peut s'en désintéresser. Je distinguerai la critique socialiste de la construction socialiste. La critique socialiste est nécessaire dans la République ; elle dénonce des iniquités intolérables que tous les républicains doivent réprouver. Pour ce qui est de la construction d'avenir, lointaine encore, sans doute, puisque le groupe socialiste, nombreux dans les Chambres, ne nous a pas encore présenté un projet de loi constituant par exemple la propriété sur de nouvelles bases, pour ce qui est de cette reconstruction, dis-je, je ne puis guère la considérer jusqu'à nouvel ordre que comme une prophétie intéressante, qui peut suggérer des réflexions utiles, qui peut nous mettre sur la voie de réformes heureuses, mais que je dois écarter, pour le moment, de cette discussion.

Messieurs, le parti socialiste est aussi un parti étatiste ; il ne dit pas « l'Etat », il dit la collectivité, mais c'est toujours la même religion.

Le parti socialiste invoque le secours de l'Etat pour déterminer une plus grande somme de justice. En cela, dans un très grand nombre de cas, dans la plupart de ceux qui ont été évoqués jusqu'ici, je suis avec lui et je lui apporte le concours de ma parole et de mon vote. Mais lorsqu'il s'élance dans l'avenir, lorsqu'il entend dès à présent formuler en lois générales des hypothèses plus ou moins scientifiques auxquelles il nous propose de souscrire, je demande à réfléchir.

Un très grand orateur, qui est l'honneur de la tribune française, M. Jean Jaurès, s'est déclaré le partisan résolu du monopole de l'enseignement. J'ai cherché à savoir comment cette conviction s'était formée dans son esprit, et ma curiosité était d'autant plus grande que le chef de la doctrine collectiviste, Karl Marx, s'est prononcé de la façon la plus nette pour la liberté de l'enseignement. Il a écrit : « Une chose tout à fait à rejeter, c'est une éducation du peuple par l'Etat. » On ne peut pas être plus net. M. Jaurès a exprimé à cet égard des opinions successives que je vous demande (*Mouvements et rires à droite*)... Oh ! je dis cela sans aucune ironie. Ce serait un grand malheur si chacun de nous prétendait être en possession d'une opinion révélée.

Pour ma part, j'ai eu un très grand nombre d'opinions successives et je suis de ceux qui ne le cachent point. Je trouve même là un argument contre le monopole d'Etat dans l'ordre de la pensée. (*Très bien! très bien! sur divers bancs.*)

Dans la *Revue Bleue* en 1897, dans un article sur la

crise de l'enseignement, M. Jaurès écrit : « Il n'y a donc pas, il ne peut y avoir une solution particulière du problème de l'enseignement. Seule une crise sociale profonde le résoudra contre l'Eglise et pour la liberté. Quand il n'y aura plus d'intérêts de classes contraires aux intérêts de la science et aussi de la libre vérité, alors, mais alors seulement, la nation enseignante redeviendra maîtresse de l'éducation. »

C'est Jaurès qui a écrit cela le 13 mars 1897.

Vous le voyez, le monopole de l'Etat est ajourné à des temps qu'aucun de nous, si jeune qu'il puisse être, n'est destiné à voir.

Second point de vue. M. Jaurès dépose devant la commission présidée par M. Ribot : « Il me paraît impossible de maintenir, avec l'état de division des esprits, des intérêts et des consciences, cette liberté de l'enseignement, sans aboutir ou à une guerre civile, sous la forme rétrograde, à une guerre religieuse, ou à une mainmise funeste de l'Eglise sur la nation. J'estime également impraticable en fait, avec le point d'appui insuffisant dont dispose aujourd'hui l'idée laïque, avec la contradiction qui existe entre l'idée de l'Etat enseignant et l'idée de la famille possédant, d'établir le monopole de l'enseignement ; parce que l'Etat ne peut se charger de l'éducation de tous qu'à condition de se charger, dans une certaine mesure, de la vie de tous, et je ne vois pas l'Etat seul enseignant, s'il n'est pas seul possédant. »

Enfin, dans un article de la *Petite République* d'il y a quelques jours — 13 octobre 1903 — « Peut-être les radicaux qui demandent aujourd'hui avec nous le collectivisme de l'enseignement seront-ils embarrassés un jour pour combattre le collectivisme de la production. »

Une terrible question nous est posée là ? Quelle réponse allez-vous faire ? La conception de M. Jaurès est parfaitement logique ; que répondrez-vous lorsqu'il

vous dira : « Vous avez livré l'esprit, comment refuse-
riez-vous le corps? ». Invoquerez-vous votre code des
Droits de l'Homme, comme a dit M. Lintilhac. Vous y
avez porté le premier coup de hache. Vous avez fait la
brêche pour la tyrannie, car je ne vois pas de pire tyrannie que le collectivisme de l'enseignement par l'enrégimentation des intelligences. Le collectivisme de la production est toute douceur en comparaison.

Pour ma part, je ne veux pas livrer l'esprit. Ce serait
le recommencement de l'Eglise avec le pouvoir spirituel
aux mains de majorités inconnues; ce serait un appren-
tissage de liberté à refaire, avec un pape à mille têtes,
insaisissable, indétrônable. Ce serait le plus grand
danger que la République pût courir.

Messieurs, il y a une objection à laquelle on n'a jamais
répondu et qui a cependant sa valeur. Elle vient de cette
majorité changeante que vous appelez l'Etat. L'Etat
avait un sens déterminé, au temps d'Aristote. Cela
voulait dire le Roi qui ne change pas, qui se continue
dans sa dynastie, qui reste quelque chose d'immuable.

Qu'est-ce que l'Etat avec le gouvernement du peuple,
avec la volonté souveraine du peuple qui change suivant
l'impression du moment? N'avez-vous donc jamais prévu
que le monopole un jour pouvait se retourner contre
vous? On n'a jamais répondu à l'objection d'un déplace-
ment de majorité. On ne peut pas répondre si l'on admet
que le progrès consiste d'abord à mettre les droits de
l'individu au dessus des entreprises, non seulement des
monarques, mais aussi des majorités.

Le monopole que vous réclamez, il existe dans un
Etat qui n'est pas très loin de nous. Vous pouvez prendre
l'Orient-Express pour aller à Vienne et dans vingt-deux
heures vous aurez le plaisir de le voir fonctionner.

Ce monopole a une histoire qui n'est pas sans intérêt.

En 1855, emporté par le grand mouvement de réaction générale, l'empereur d'Autriche conclut avec le

pape un Concordat qui livra le monopole de l'enseignement primaire à l'Eglise. Ce que fut ce monopole, je n'ai pas besoin de le dire ; vous pouvez le deviner.

En 1870 — la période libérale s'accentuant — l'empereur François-Joseph dénonce le Concordat et fait le monopole de l'Etat. Il le fait sur la base où vous pourriez le faire vous-mêmes. Il s'agit de « donner à la jeunesse une éducation religieuse et morale ». C'est à peu près la formule de notre spiritualisme universitaire : et si vous faites le monopole aujourd'hui, c'est la formule que vous serez vous-mêmes obligés de subir.

Ce monopole, les cléricaux le combattirent, comme ils le combattent ici aujourd'hui. Ils ne voulaient pas du monopole de l'État, ils voulaient le monopole du pape. Ils le combattirent avec une très grande énergie. Mais, à ce moment, c'était le *libéralisme d'État* qui sévissait, et le monopole fut voté.

Le chef des libéraux, Herbst, disait : « Nous n'avons fait que peu de choses avec les lois interconfessionnelles. Le progrès consiste en ce que nous avons fait ce peu sans le concours de Rome. »

Voilà le monopole des trois ordres de l'enseignement établi. Les cléricaux l'ont combattu, ils sont la minorité. Qu'arrive-t-il ?

Il arrive que les cléricaux deviennent la majorité et qu'ils se servent du monopole d'Etat contre les libéraux. Il arrive qu'ils chassent les instituteurs libéraux. Il arrive qu'ils persécutent toute l'université libérale. Et finalement le chef des antisémites, c'est-à-dire des cléricaux par excellence, le docteur Lueger, s'écrie : « Mais nous nous arrangeons très bien de cette loi ! » (*Rires.*)

L'école non confessionnelle est redevenue l'école confessionnelle, et ce sont les libéraux qui se trouvent avoir fait le monopole de l'Église par le moyen de la loi dont ils triomphaient.

Ne voyez-vous pas qu'il y a là un danger auquel il faut

prendre garde ? Vous savez très bien que votre majorité n'est pas éternelle, qu'elle est dans la dépendance des consultations populaires qui modifieront la classification des partis dans des proportions qu'il nous est impossible aujourd'hui de déterminer. Pouvez-vous répondre aujourd'hui de votre clergé universitaire ? Combien de professeurs d'esprit congréganiste, hostiles à la démocratie ! N'est-ce pas M. Béraud lui-même qui a parlé du « pont d'or » où beaucoup étaient prêts à passer pour rejoindre la congrégation.

Votre monopole, que sera-t-il en fait ? Personne ne peut le dire, personne ne peut le savoir. M. Lintilhac disait très justement à l'un de nos collègues : « Si les républicains étaient en minorité, nous aurions autre chose à pleurer que le monopole ! »

Mais je ne veux pas pleurer ! (*Sourires.*) Je ne veux pas être vaincu ! je veux me placer sur un terrain où je sois inexpugnable — et vous n'en trouverez pas d'autre que le droit de l'individu, parce que c'est une réalité vivante, parce que le problème des républiques est d'accroître cette réalité, de la faire toujours plus forte, toujours plus puissante, de faire l'homme toujours plus libre, toujours plus grand ! (*Très bien !*)

Vous proposez une loi, — je parle du système de l'autorisation recommandé par M. Thézard, — pour interdire aux cléricaux d'avoir des écoles privées. Ils n'auront pas d'écoles libres, mais ils pourront entrer dans l'Université, elle leur est toute grande ouverte : vous avez fermé la petite porte, vous avez ouvert la grande.

M. de Lamarzelle. — Certainement.

M. Clemenceau. — M. Gourju l'a fort bien indiqué : vous exigez un billet de non confession pour fonder une école libre, et vous ne réclamez aucune garantie pour ouvrir l'accès de l'Université. Votre Université est déjà suffisamment cléricale. Etes-vous sûrs de ne pas aboutir à l'empirer ?

Et puis votre école neutre, elle sera nécessairement empêtrée dans les conceptions bibliques, elle n'empêchera pas, elle ne pourra pas empêcher les questions de se poser dans la tête des enfants : Qui sommes-nous? Qu'est-ce que la terre, ce ciel, ces nuages, ces étoiles? D'où cela vient-il? D'où cela procède-t-il? Où cela nous emmène-t-il?

Il y a un vieux livre qui a résolu toutes ces questions, c'est la Bible.

Un sénateur à gauche. — Ce n'est pas très scientifique!

M. Clemenceau. — Je crois bien. Il ne pouvait pas les résoudre dans le même sens que la science moderne. Que ferez-vous? Ou vous prendrez parti contre ces conceptions, ou bien vous n'oserez répondre à aucune des questions qui assiègent les jeunes esprits.

Et si vous faites la table rase dans l'intelligence de l'enfant, à quoi aboutirez-vous sinon à le préparer pour les leçons de l'Église? Car vous n'aurez pas fermé toutes les écoles, vous aurez laissé ouverte la plus redoutable, celle qui répond bien ou mal à toutes les questions, qui a la solution de toutes les problèmes. Tous ces problèmes que vous n'aurez pas osé aborder, on ira en chercher la solution de l'autre côté de la rue, chez le prêtre. Il se trouvera que vous aurez travaillé contre vous-mêmes.

Oh! je sais bien, il y a des initiatives de liberté qui pourraient proposer aux enfants, aux lieu et place des anciennes conceptions légendaires, des conceptions de la science moderne; il y aurait des écoles de raison; et ces écoles de raison c'est vous, hommes de raison, qui allez les fermer! Se peut-il une aberration plus grande?

Est-ce une théorie que je fais? N'avons-nous pas vu de nos jours, en France, ce mouvement si intéressant, si passionnant, des Universités populaires? Et voilà ce que le monopole, comme première conquête de la liberté, va détrôner! Il y a, je crois, une Université socialiste en

Belgique : vous la fermeriez si demain la Belgique faisait partie de la France! Il y a des écoles sans Dieu, en Hollande : elles seraient fermées de vos mains. C'est dire que vous iriez directement contre le but que vous vous proposez d'atteindre.

Et pourquoi? Quelle raison nous a-t-on donné ici?

On repousse la liberté de l'enseignement, avec l'inspection si chère à notre collègue Fernand Crémieux. On ne veut pas de la liberté réglementée, contrôlée par l'inspection, parce que l'inspection est un leurre. Quand l'inspecteur se présente, un sourire du professeur indique à l'enfant qu'il ne faut pas tenir compte de ce qu'il dit. C'est pour éviter ce sourire, redouté de M. Lintilhac, que vous vous mettez en révolte contre tous vos principes, contre toutes vos idées, que vous démolissez de vos mains l'édifice de liberté que vos pères avaient construit au prix de tant de sacrifices.

Oui, vous avez peur du catholicisme qui expire sous les coups de la raison... (*Protestations à droite.*)

M. de Lamarzelle. — Pas encore!

M. Clemenceau. — ... et vous fermez les écoles de a raison!

Au moins l'ours de la fable tua la mouche avec l'homme. (*Sourires.*) Vous, vous tuez le progrès de l'esprit humain dans l'enseignement, vous tuez l'homme, et non seulement vous laissez vivre la Congrégation, mais vous lui donnez une force incommensurable. Vous lui laissez en main un instrument nouveau d'autorité pour lui permettre de s'imposer!

Et, ce n'est pas tout. Quand l'Etat est roi, la logique populaire se dit qu'il faut un homme pour l'incarner. A quelle heure ce raisonnement se présentera-t-il aux esprits? A l'heure où vous aurez soulevé toutes les résistances par votre loi de monopole contre laquelle se révolteront les consciences individuelles. (*Très bien! très bien! sur divers bancs.*)

Et maintenant, il faut, après avoir fait la critique d'autrui, que je subisse à mon tour la critique d'autrui.

Je suis pour la liberté. Ah! si la République était seulement vaincue, de quels applaudissements vous couvririez mes paroles, mes chers amis! Mais nous sommes vainqueurs, nous sommes détenteurs de l'autorité et la liberté a contre elle l'état d'esprit que nous ont fait et la décadence hellénique — que je ferais bien remonter pour ma part au temps d'Aristote (*Sourires*) — et la Rome païenne, implacable dans son autorité violente, et la Rome catholique, qui n'a fait qu'hériter de l'ambition et de la volonté de domination à tout prix de la Rome païenne.

M. Dominique Delahaye. — C'est contraire à toute la vérité historique, cela!

M. Clemenceau. — Voilà bien, mon cher collègue, ce qui prouve qu'il nous faut la liberté dans l'enseignement. (*Rires approbatifs sur divers bancs.*)

Vous ne détenez pas l'histoire, moi non plus. Quand vous serez à la tribune, vous direz votre vérité historique; je dis la mienne comme je peux, fort mal sans doute...

M. Dominique Delahaye. — Vous la dites très bien.

M. Clemenceau. — ... mais veuillez reconnaître que je fais un très grand effort d'impartialité, puisque j'ai le courage de me séparer d'un certain nombre de mes amis pour chercher, comme doit le faire un vrai républicain, la justice et la liberté en dehors de tout esprit de parti.

M. Dominique Delahaye. — C'est admirable!

M. Clemenceau. — Pour moi, c'est une opinion très ancienne, à laquelle j'ai beaucoup réfléchi : je retrouve toujours le vieil esprit de l'antique domination romaine dans l'Eglise de Rome. L'Eglise s'est emparée non seulement de la Ville, mais des idées qui hantaient ses vieilles murailles. Elle les a faites siennes. S'il fallait développer ici cette pensée, je me ferais fort de vous démontrer que le véritable héritier des conceptions de la conquête romaine n'est autre que l'évêque de Rome qui s'est fait César et a repris le rêve de la domination universelle.

Messieurs, nous sommes des hommes d'esprit latin. La poursuite de l'unité par le Dieu, par le Roi, par l'Etat-Providence nous hante : grand malheur, car elle ne peut nous conduire qu'à l'oppression, à la déformation des intelligences. Nous n'acceptons pas la diversité dans la liberté.

Au fond, la Révolution française a été d'abord un grand changement de terminologie, avant que sonnât l'heure des réalités.

Ce qui subsiste aujourd'hui, ce sont deux systèmes de gouvernement : la coercition au nom de Dieu, du Roi, ou de l'Etat, qui diminue l'homme, la liberté qui l'augmente. (*Très bien! très bien.*)

J'estime qu'aujourd'hui, au point où nous sommes arrivés, il ne suffit pas de maintenir le droit que nous avons reçu de nos anciens de la Révolution française : il faut le développer. Et quand je cherche à organiser le régime nouveau, je n'en trouve pas d'autre que le régime de la liberté d'enseignement qui — je l'ai dit en commençant — n'a jamais existé dans ce pays.

Oh! je le sais, on nous dit que ce régime est plein de dangers parce qu'il crée deux jeunesses ennemies. Je ne veux pas m'étendre sur les deux jeunesses dont on fait argument. Je prétends qu'il y a bien autre chose que deux jeunesses en France. Il y a deux sociétés, l'ancienne société théocratique, d'autorité, et la société civile, démocratique, qui ne peut vivre que par la liberté. Il faut qu'une des deux sociétés nécessairement finisse par avoir raison de l'autre.

Pour en arriver-là, pour résoudre ce problème de l'unité qui l'obsède, notre honorable collègue, M. Lintilhac, propose d'instituer une sorte de duel entre l'Eglise et l'Université en vue de la domination.

Nous n'avons échappé à l'Eglise que pour tomber dans les bras de l'Etat, de l'Université. Si nous ne sommes pas écrasés par l'un, il faut que nous soyons broyés par l'autre : c'est notre grande Révolution de liberté qui l'exige. Son triomphe serait de nous donner le choix entre deux servitudes. J'attends d'elle, moi, la libération qui nous fut promise. Au-delà de l'Eglise, de l'Etat, de l'Université même, il y a les citoyens, qui jadis n'étaient rien, qui sont quelque chose aujourd'hui et dont je voudrais qu'ils fussent tout, dans une société de justice, par la liberté,

Le tort de tous les professeurs — un tort bien naturel — c'est de croire qu'ils fabriquent des hommes. (*Rires approbatifs sur plusieurs bancs.*)

Messieurs, en pareille matière, je suis pour la routine classique. Je crois que le père et la mère y sont encore pour quelque chose. (*Nouveaux rires.*)

J'entends dire tous les jours : « L'enfant est une cire molle, on le forme comme on veut. » Non. L'hérédité et le milieu ont déterminé ces petits hommes qu'on vous envoie — vous leur apprenez à apprendre. (*Très bien! très bien!*) Mais vraiment, croyez-vous de bonne foi qu'un enfant, sur les bancs du collège, soit toujours en une corrélation, déterminée par son professeur, avec l'homme qu'il sera plus tard?

Cela serait bien inexact, en tous cas, pour tous ceux que j'ai connus. (*Nouvelles marques d'approbation.*)

M. Charles Riou. — Parfaitement.

M. Clemenceau. — Mon honorable collègue, M. Riou, me dit : « Parfaitement ». Nous sortons tous les deux du lycée de Nantes. (*Rires.*)

M. Le Provost de Launay. — Et M. Combes du séminaire.

M. Clemenceau. — Oui, M. Combes du séminaire, et

je l'honore d'avoir mis en valeur sa personnalité, d'avoir su se dégager des suggestions professorales, qui, selon la doctrine de M. Lintilhac, auraient dû le déterminer à jamais. (*Très bien! très bien! à gauche.*) L'enseignement dure toujours : voilà la vérité.

M. Lintilhac. — J'ai dit que les esprits supérieurs résistaient à cette malléabilité.

M. Clemenceau. — Puisque vous m'interrompez, mon cher collègue — et je vous en remercie, — vous me fournissez l'occasion de répondre à cette partie de votre argumentation, ce que j'aurais probablement négligé de faire. Oui, vous avez dit que les esprits supérieurs résisteraient à vos efforts. J'en suis bien aise. M. Lintilhac se contente de déterminer, de mettre en mouvement, sous la formule du monopole, les esprits inférieurs.

Eh bien, moi, je suis plus ambitieux que vous. Oui, vous voulez faire marcher les moyens, les médiocres. Avec ceux-là, vous voulez constituer un type moyen, faire une république de bons fonctionnaires qui marcheront suivant la direction que vous leur aurez donnée. (*Très bien! à gauche.*) Moi, je suis comme Diogène, mais plus ambitieux que lui, je cherche des hommes et je dis que vous ne pouvez pas en faire, de votre propre aveu. Ah! vous aiderez à les faire! Ce n'est pas que je veuille protester contre l'action de l'enseignement, tout au contraire, je la tiens pour infiniment précieuse, et personne n'est plus que moi prêt à lui rendre hommage. Mais les jeunes qui vous arrivent, viennent avec des idées en voie de formation qu'ils acquièrent tous les jours dans leurs familles. Contre cela, votre confrérie de professeurs est impuissante. J'ai dit que vous ne pouviez pas fermer la grande école de l'Eglise; vous ne fermez pas davantage la grande école de la famille. (*Très bien! très bien!*) Vous n'empêchez pas l'enseignement du soir, vous n'empêchez pas que le père, dans l'esprit de l'enfant qui ne demande qu'à se confier à ceux qui l'aiment, à ceux qu'il voit tous les jours s'intéresser à sa vie, ne puisse d'un mot, juste ou faux, barrer tout l'enseignement que vous aurez péniblement édifié dans votre journée. (*Nouvelles marques d'approbation.*)

Sous l'ancien régime le monopole de l'Eglise n'empêcha pas l'apparition de deux jeunesses qui s'opposèrent terriblement à Valmy, en Vendée, à Quiberon. C'est la théocratie et la démocratie qui sont aux prises. La question est trop haute pour que j'attende la victoire d'un mandarinat d'enseignement. Le succès est au régime qui gagnera les intelligences dans la liberté. L'Eglise a usé de la force pendant des siècles, monopole compris, elle en meurt. La République peut vivre et croître que par l'impulsion toujours plus grande et son principe : l'affranchissement de l'homme. Rappelez-vous donc que c'est la République que vous voulez faire.

Messieurs, je le disais tout à l'heure, tout se tient; vous avez fait la liberté de la presse, vous avez fait la liberté de réunion : vous ferez, j'en ai confiance, la liberté de conscience, vous aurez le courage de faire la liberté de l'enseignement.

Quand on a commencé à faire la liberté on n'est pas maître de s'arrêter en chemin. Faire la liberté, ce n'est pas seulement lui élever des statues, donner son nom à des places publiques, à des arbres : cela n'est rien. Il faut en faire une réalité vivante, car c'est elle seule qui peut gagner les esprits et les garder. Cherchant à expliquer comment, avant 1789, le monopole de l'Eglise et le monopole de l'Etat, confondus, avaient fait ces deux générations qui se sont heurtées dans la sanglante tragédie de la Révolution, vous nous avez dit : « Il y avait Condorcet, il y avait Voltaire, il y avait Diderot ». Mais n'y sont-ils donc plus ? Ni Voltaire ni Condorcet ni Diderot n'ont cessé d'agir, je suppose. Leurs livres étaient interdits, brûlés : aujourd'hui, ils sont partout et avec eux leurs fils, ceux qui les représentent authentiquement parmi nous.

Dans cette assemblée nous avons un homme que nous pouvons regarder comme l'un de leurs dignes successeurs : j'ai nommé Berthelot. Eh bien, Berthelot s'est prononcé sur cette question, il y a quelques jours, dans une réunion publique. Il a parlé, il a parlé comme eussent parlé ces grands ancêtres; il a dit la parole que nous attendions de lui. Écoutez : « Cependant, messieurs, notre tradition, ne l'oublions jamais, est celle de la pensée libre. Dans notre enthousiasme pour la Science et pour la Raison, nous devons toujours maintenir ce principe fondamental qu'il s'agit de convaincre les hommes en nous appuyant uniquement sur leur adhésion volontaire, sans persécuter personne, sans jamais prétendre à l'infaillibilité, sans réclamer et imposer au nom de la raison le monopole de dogmes immuables. » (*Très bien ! Applaudissements sur un grand nombre de bancs.*)

Eh bien, messieurs, je suis avec Berthelot. Quels sont vos répondants? Où sont les conseillers autorisés du monopole? Vous vous jetez aveuglément dans une lutte dans laquelle la fatalité veut que vous soyez vaincus. Vous prétendez opposer les fils aux pères. Pouvez-vous penser que les pères ne se révolteront pas, quand votre monopole, par timidité de logique, s'arrête au seuil du temple, quand vous laissez ouverte l'école la plus redoutable? Pouvez-vous penser que les pères que vous obligez d'envoyer leurs enfants à une école dont ils désapprouvent l'enseignement ne se mettront pas en révolte, au foyer, contre cet enseignement? Ah! ils ne seront pas seuls. C'est alors que l'Église, par vous fortifiée, se présentera pour leur venir en aide, l'Église que vous ne pouvez pas fermer, à laquelle vous êtes obligés, dans le système républicain, de laisser l'entière liberté de son enseignement. L'Église viendra au secours du père révolté, et le père et l'Eglise feront effort sur l'enfant. Et cette conversion que la liberté vous eût donnée, vous la rendrez impossible.

Eh bien, moi, j'entrerai au foyer avec la liberté, portes et fenêtres grandes ouvertes. J'assiégerai le père et l'enfant de tout l'effort de la pensée délivrée. Je les mettrai en confiance là où s'arrête votre contrainte. Je prouverai par l'acte la supériorité de la raison libre sur l'oppression de l'Eglise. Je dirai au père : « Voilà l'histoire de l'Eglise, elle est de massacres, de bûchers, de sang, de dragonnades, de persécutions, elle est de tyrannies. Et voici maintenant la République, elle est de liberté. Toutes les paroles peuvent arriver à toi et à ton enfant. » Car je veux conquérir le père avec l'enfant. Et quand je lui aurai démontré la puissance de ce régime de liberté, sa supériorité sur le régime de coercition, le père fatalement subira l'attraction du régime du libre examen. Et quand il aura été gagné à la libre critique, il sera mien. Je l'aurai touché, changé, converti. Ce sera un nouveau soldat de la liberté, un nouveau soldat de la République. Et j'aurai fait la paix là où vous organisez la guerre.

Si vous voulez savoir ce que peut produire ce régime, regardez l'étonnante floraison des écoles aux Etats-Unis d'Amérique.

Je sais bien que les Etats-Unis ont trouvé table rase. Nous, nous avons trouvé la France occupée par l'Eglise, et à mesure que nous avons délogé l'Eglise de quelques-unes de ses usurpations, elle a reculé sans doute, mais elle a laissé des postes d'occupation dans toutes les positions stratégiques.

Il faut que l'œuvre de libération s'achève pour que le peuple français se trouve enfin ramené à cette vie d'initiative que partout l'Eglise a frappée de mort. Ainsi seulement nous reprendrons notre place dans le monde. Tandis que votre monopole ne pourra jamais faire qu'une

République de bons élèves, un peuple d'automates avec des gestes machinés de démocratie, qui, de la vie, ne connaîtront, ne réaliseront que le simulacre. Pendant ce temps, les peuples chez qui l'initiative est en honneur s'empareront de la terre. (*Vive approbation sur un grand nombre de bancs.*) Ils se répandront sur les continents pour y porter les grandes idées de justice et de civilisation générales que nos aïeux avaient si glorieusement inaugurées. (*Nouvelles marques d'approbation sur les mêmes bancs.*)

Et c'est ainsi qu'il faut que je m'explique, non plus sur le principe de la liberté, en faveur duquel je viens de parler, mais sur ce que j'appelle, — ne vous en déplaise, messieurs (*l'orateur se tourne vers la droite*), les garanties de la liberté contre le privilège.

Messieurs, la France moderne n'a pas trouvé devant elle la table rase, comme les Etats-Unis. Elle a trouvé le privilège de l'Eglise avec tous les groupements d'intérêts qui l'encadrent et lui font appui. C'est ainsi que je rencontre d'abord, faisant face à l'Etat, une corporation internationale ayant pour chef un souverain étranger. L'honorable M. de Cuverville avait, dans une interruption, dénié au pape la qualité de souverain étranger. Fort heureusement notre honorable collègue, M. le comte de Blois, a rétabli la véritable doctrine en affirmant à cette tribune que le pape était bien un souverain étranger.

M. l'amiral de Cuverville. — La véritable doctrine Je le conteste.

M. Clemenceau. — Vous le contestez contre la réalité, puisque le pape est souverain, qu'il est étranger, et qu'il se proclame à la fois souverain temporel et spirituel.

M. l'amiral de Cuverville. — C'est un souverain temporel dépossédé.

M. Clemenceau. — Il a beau être dépossédé, il est

souverain. C'est lui qui le dit, il doit le savoir mieux que vous. (*Rires sur quelques bancs.*)

Je dis que nous trouvons devant nous une corporation internationale sous un souverain étranger, véritable enclave de servitude romaine dans notre droit civil de liberté. C'est la domination de ces hommes que nous avons refoulée. C'est sur eux, contre eux, que nous avons conquis nos libertés. Ils sont vaincus, mais réclament le maintien de leurs privilèges. La liberté d'un seul, c'est la domination; le droit commun, c'est la liberté de tous. Quiconque réclame une liberté au delà de la commune liberté réclame un privilège : c'est le cas de la Congrégation.

Nous trouvons devant nous des hommes qui réclament un droit de privilège, non pas pour les individus qui constituent cette corporation, mais pour la corporation elle-même, en vue d'une domination corporative... (*Mouvement.*)

Ils réclament un privilège. Lequel? Le privilège de fonder dans la société française une société qui a pour principe la négation des principes de la société française, une société qui se propose d'annihiler l'homme que nous voulons grandir! (*Très bien! très bien! à gauche.*)

Vous proclamez la liberté, ils y opposent l'obéissance. (*Très bien! à gauche.*) L'obéissance à quoi? A autre chose que la loi, à quelque chose de contraire à la loi! Et cela pour la domination.

Vous proclamez la propriété individuelle; ils revendiquent l'appropriation collective, la mainmorte, l'accumulation des capitaux comme instruments de domination.

Vous établissez, comme fondement de votre ordre social, la famille. Ils répudient la famille! (*Vifs applaudissements à gauche; protestations à droite.*)

M. Dominique Delahaye. — Ce n'est pas exact.

M. de Lamarzelle. — Nous vous répondrons.

M. Clemenceau. — Non, vous ne répondrez pas!

M. de Lamarzelle. — Je tâcherai.

M. Clemenceau. — Vous alléguerez, sentant la répugnance qu'une pareille conception peut causer dans les esprits, que ces gens s'attribuent les titres de père et de mère. Mais je réponds d'avance que ces titres ils les usurpent : ce sont de faux pères, ce sont de fausses mères. (*Vifs applaudissements à gauche.*) Ils ne connaissent pas la force du lien de sang qui lie la chair à une autre chair. Ils n'ont pas vu l'enfant naître, ils ne l'ont pas vu souffrir, ils ne l'ont pas suivi dans sa lutte misérable pour l'existence, ils n'ont rien de commun avec lui qu'une prétendue paternité spirituelle qui ne peut être indépendante de l'autre et qui se traduit trop souvent par des martyres, par des supplices, comme au Refuge de Tours. (*Vifs applaudissements sur les mêmes bancs.*)

Ils répudient la famille, les charges de la famille, les devoirs de la famille, laissant leurs vieux parents se débattre sans aide contre la misère. Et quand ils se sont créé une existence sans devoirs humains, ils en profitent pour faire une concurrence mortelle aux ouvriers qui ont des charges de famille, qui ont des enfants à faire vivre, à élever. Ce sont des citoyens de la société romaine, enclavés dans notre société française issue de la Révolution, ce sont des sujets de la théocratie, en désaccord de principe avec les citoyens de la démocratie.

Nous leur offrons le droit commun, le droit civil français, la liberté commune, la même liberté qu'à tous les Français. Que peuvent-ils demander de plus? La liberté qui suffit à leurs concitoyens doit leur suffire. S'ils demandent quelque chose au delà du droit commun, qu'est-ce donc sinon le privilège? Ils prêchent des doctrines antisociales qui sont la négation de la société issue de la Révolution. Je n'en ai pas peur, qu'ils les prêchent!

Mais constituer dans l'État, par privilège, un État spécial qui surajoute à son privilège la liberté, non plus individuelle, mais d'une corporation en révolte contre la société elle-même, voilà ce que je ne puis tolérer dans l'intérêt même de la liberté.

Je ne le puis tolérer, mais les congrégations, en fait, se sont audacieusement imposées, en dépit de la loi, et les gouvernements les ont subies, ou se sont fait leurs complices.

Ainsi ont coexisté sur notre territoire deux États, le francais, le romain, qui se pénètrent, qui s'enchevêtrent, qui s'opposent en ennemis pour l'attaque et la défense des droits civils de la Révolution française.

Notre solution de la difficulté est simple. C'est une solution de liberté. Je vous en prie, messieurs, n'oubliez jamais que c'est la République qu'il s'agit de faire et que notre but ne saurait être d'obtenir la victoire facile d'un jour sans lendemain.

Nous proposons de mettre la religion dans le domaine de la liberté, de supprimer tous ses organes de domination pour la placer dans le domaine du droit commun. Nous proposons de placer le pouvoir politique dans le peuple français, non pas pour lui donner le pouvoir absolu des monarques disparus, mais pour lui permettre d'exercer sa puissance légitime sur lui-même en respectant, en garantissant les droits intangibles de l'individu.

C'est là, messieurs, le but vers lequel nous marchons; nous n'y sommes pas encore. Pour le moment, par le budget de l'État, par la fonctionnarisation du clergé — je vous demande pardon du barbarisme — nous faisons les frais de la guerre de Rome contre la République française. C'est avec cet état de choses que nous voulons en finir, quelques-uns de mes amis par l'autorité d'omnipotence qui se retournerait contre eux, moi par la liberté, avec les garanties de liberté que j'ai indiquées.

Dans une doctrine, l'établissement d'un seul droit

commun pour tous donne à chacun la même arme pour l'exercice de la même liberté. J'attendrai les protestations contre la légitimité d'un tel état de choses. Pour toutes les idées, libre carrière; pour tous les hommes, le même droit. Refus du privilège à quiconque veut ajouter le privilège au droit commun. En d'autres termes, une seule société, une seule loi, une seule catégorie de citoyens. Est-ce là ce que vous oserez appeler la tyrannie?

Messieurs, je vous demande pardon d'avoir parlé si longtemps. (*Parlez! Parlez!*) J'ai de bonne foi essayé de suivre le chemin de la raison, le chemin de l'idée républicaine à travers les incertitudes et la confusion de la discussion dans laquelle nous sommes engagés. Je n'aurais pas perdu mon temps si j'avais réussi à vous faire comprendre la pleine valeur de mon point de vue. J'entends beaucoup de mes amis me dire : « Vous êtes un esprit absolu. » On est toujours l'esprit absolu de quelqu'un. Cependant j'ai fait un grand effort pour ne pas quitter le domaine de la relativité. Le discours que je viens de faire, comme celui que j'ai fait il y a quelques mois, je ne l'aurais probablement pas fait au début de ma carrière dans le Parlement. J'ai regardé, j'ai appris, j'ai tâché de profiter des leçons qui me sont venues de toutes parts. Je ne dirai pas que je suis resté aussi ferme républicain que par le passé : à cet égard je n'ai pas changé. Il est impossible de concevoir un homme qui soit plus complètement détaché de Rome que je ne le suis. (*Sourires.*) J'en suis arrivé au point que je n'éprouve même pas le besoin de répondre par la violence aux violences dont nous sommes l'objet.

Je crois que le problème politique de ce jour est de séculariser mon pays, de le dégager de l'ancienne théocratie romaine. Je comprends que je ne puis le faire qu'à mesure que je suis capable d'obtenir l'assentiment de la majorité de mes concitoyens et je cherche à le faire dans une forme qui ne les heurte pas.

Cette séparation de l'Église et de l'État que j'appelle, que je croyais ne jamais voir et que j'espère maintenant voir réaliser de mon vivant, je voudrais qu'elle fut faite dans des conditions de libéralisme telles qu'aucun des Français qui voudra pratiquer son culte ne puisse se trouver dans l'impossibilité de le faire.

M. l'amiral de Cuverville. — Quand vous serez président du conseil.

M. Clémenceau. — Je ne comprends pas votre interruption, mon cher collègue. (*Parlez! parlez!*)

Messieurs, vous m'êtes témoins que je m'applique à ne choquer personne, que je vous explique en toute simplicité et en toute franchise l'état d'esprit d'un homme qui a été dans les Assemblées pendant longtemps et qui, à l'heure où il approche du terme de sa carrière, s'efforce de concentrer son action sur le point vital de l'adversaire qu'il a toujours trouvé devant lui, avec le désir de réussir, sans blesser les consciences, sans porter atteinte à ce qui est intangible chez moi et ce que je reconnais intangible chez vous : les droits de la conscience. Je cherche l'ordre ; je cherche l'ordre par la liberté ; je cherche en même temps la justice ; je cherche l'ordre dans la paix de justice et de liberté.

Et lorsque notre honorable collègue M. Thézard, dans cette discussion difficile, nous apporte le projet sur lequel nous délibérons en ce moment, — je lui demande pardon de le dire, j'ai écouté son discours avec la plus grande attention, et j'ai le plus profond respect pour son opinion, — je me vois conduit à penser que, universitaire, il a prononcé d'un point de vue universitaire. C'est toujours l'idée de ce malheureux duel entre l'Université et l'Eglise. Au delà de l'Université, au delà de l'Eglise, il y a les citoyens : c'est à l'ensemble des citoyens que je pense. Le projet de M. Thézard a tous les inconvénients du monopole, et il y ajoute tous les dangers de la liberté. C'est l'omnipotence de l'État, corrigée par l'arbitraire. (*Sourires.*) L'omnipentence de l'Etat changeant! Qu'auriez-vous dit d'un Louis XIV qui aurait révoqué l'Edit de Nantes un jour et persécuté les catholiques le lendemain? C'eût été le gâchis. C'est le gâchis que vous nous préparez.

Votre principe de l'autorisation pourrait avoir une apparence de raison dans une monarchie, parce qu'il semble qu'il y ait une continuité de vues qui se poursuit à travers les temps. Pour nous, nous ne voyons dans les majorités changeantes que des instruments destinés à pourvoir aux nécessités politiques du jour en continuant de respecter, de garantir les droits de l'individu proclamés par la Révolution française.

Qu'avez-vous fait cependant? Vous êtes arrivés à nous proposer une solution bâtarde, philippotarde, si vous me permettez ce mot, (*Sourires.*) qui n'est pas le monopole et qui est pourtant le monopole : cela dépend de quel côté vous regardez. *Janus bifrons.* On réunit ainsi tous les inconvénients de tous les systèmes à la fois.

Quant au principe de la liberté, il a été défendu à cette tribune, avec éloquence, par l'honorable M. Chaumié, et je n'ai pas la prétention de refaire l'excellent discours de notre ministre de l'instruction publique. Sans doute je trouve qu'il y a des lacunes dans son projet. Je l'ai prouvé en déclarant que l'amendement de M. Girard avait toute ma sympathie.

J'aurais voulu, je l'avoue, et je serais disposé à présenter un amendement dans ce sens, j'aurais voulu qu'il eût été tenu compte de la proposition très intéressante faite par M. Combes, d'abord comme ministre, en 1896, et plus tard reproduite par lui, comme sénateur, en 1898, sur les sanctions de l'enseignement secondaire, dont le rapporteur était notre ancien collègue, M. Pozzi.

Ce projet de loi instituait un jury d'Etat qui faisait

passer l'examen aux élèves des lycées et aux élèves de l'enseignement libre. J'aurais aimé beaucoup à retrouver dans le projet de M. Chaumié cette disposition jadis préconisée.

Je voudrais renforcer, dans la mesure du possible, les garanties proposées par l'honorable M. Chaumié. J'y tiens d'autant plus que je me trouve, à mon grand regret, dans l'obligation de me séparer de mes amis. Je le regrette profondément. Moi à qui on a tant reproché d'avoir renversé des ministères, c'est justement quand je soutiens un ministère que je vois quelques-uns de mes meilleurs amis, qui soutiennent le même ministère, se détacher de moi. (*Hilarité générale.*)

M. Victor Leydet. — Vous nous avez donné de bonnes habitudes.

M. Clemenceau. — C'est une fatalité malheureuse que m'impose l'indépendance de ma pensée. Tout en désirant très sincèrement le vote du projet de M. Chaumié, je rechercherai, dans la mesure de mes moyens, à obtenir le maximum de garanties efficaces.

Messieurs, il y a, en cette affaire, une question de méthode et permettez-moi de le dire, bien que je n'aie aucune qualité pour la poser, une question de gouvernement. Notre but, je vous l'ai dit tout à l'heure, — il faut que cela soit bien entendu entre nous, — c'est la sécularisation de l'Etat. Il est temps qu'il n'y ait plus en France qu'un seul pouvoir : le pouvoir du peuple français sur lui-même. Faire descendre l'Eglise de son trône de domination, pour la reléguer dans le domaine de la liberté, voilà notre dessein hautement avoué. Que reste-t-il à faire ?

Il reste à régler la question des congrégations, la question de la liberté de l'enseignement et celle de la séparation de l'Eglise et de l'Etat.

Messieurs, ce programme, c'est celui du gouvernement que nous avons devant nous. Je n'ai pas l'habitude de flatter les gouvernements. Cependant il me sera permis de dire que dans cet ordre d'idées aucun gouvernement, depuis la fondation de la République, n'a fait davantage et n'a même fait autant. Je sais bien que vous criez à la persécution, messieurs de la droite, mais aussi longtemps que votre persécution n'est pas une persécution je ne redoute point vos cris. Nous avons commencé par refuser l'autorisation aux congrégations non autorisées, nous avons tiré de la loi de notre honorable collègue M. Waldeck-Rousseau un peu plus peut-être qu'il ne s'était proposé d'y mettre. (*Sourires*) Ce n'est pas moi qui en ferai un reproche à M. Combes.

Une loi sur l'enseignement est en ce moment soumise aux délibérations du Sénat qui, je l'espère, en fera sortir la laïcisation générale de l'enseignement.

Enfin je crois pouvoir dire que nous nous orientons vers la séparation de l'Eglise et de l'Etat qui sera fondée sur le principe de la liberté de conscience et qui privera l'Eglise d'une importante partie des ressources dont elle a besoin pour lutter contre la République par l'école et la prédication. Cela, non par des lois d'exception, mais par des lois contre l'exception, suivant l'heureuse formule de M. Ferdinand Buisson. Je dis que nous nous orientons, pour ne pas blesser votre sentiment de la correction gouvernementale, mes chers collègues de la droite. Mais il faut dire les choses comme elles sont. Ce programme est celui du gouvernement actuel, et c'est pour cela que je soutiens ce gouvernement.

Or, je demande à mes amis de la gauche s'ils croient que c'est le moment, lorsque le gouvernement fait face résolument à nos adversaires, de l'abandonner en se livrant au plaisir, non pas inoffensif, de faire une manifestation d'autorité réactionnaire.

Je ne le crois pas. Ah! je sais bien que l'honorable M. Lintilhac, le prenant d'un peu haut avec les républicains qui se permettent de rester attachés à la liberté, nous a dit que nous nous repentirions, si nous ne votions pas la proposition de la commission. Mais de quoi me repentirais-je? Croyez-vous que la défaite serait capable de me faire regretter d'être resté fidèle aux principes républicains? Elle ne pourrait que m'affermir dans mes idées républicaines. Elle me donnerait de nouvelles forces contre vous et contre tous ceux qui ne conçoivent la liberté que comme un changement de tyrannie.

Et puis notre collègue encore nous a menacés d'une campagne électorale! Eh bien, allez chercher les grenouilles républicaines qui demandent la royauté de l'Etat (*Rires et applaudissements sur divers bancs.*)

M. Méric. — Vous n'êtes pas aimable pour vos amis.

M. Béraud (*Désignant la droite*). — Ils sont contents!

M. Clemenceau. — Ah! je ne sais pas s'ils sont contents ou non contents. Je ne m'occupe de rien que de servir la vérité, la liberté et la justice, suivant la mesure de mon intelligence! (*Marques d'approbation.*)

M. Méric. — Mais nous aussi!

M. Clemenceau. — Cela ne m'enlève pas le droit de vous répondre. Je ne vous apostrophe pas et vous m'apostrophez, voilà la différence! Quand vous monterez à cette tribune, je vous écouterai sans une interruption, comme j'ai écouté M. Lintilhac. Lorsque j'ai demandé la liberté de la presse, ces messieurs aussi (*l'orateur désigne la droite*) m'ont applaudi. Est-ce que c'était une raison pour refuser la liberté de la presse? Eh bien, quand je demande la liberté de l'enseignement, ces messieurs aussi, veulent bien m'applaudir. Est-ce donc une raison pour refuser la liberté de l'enseignement?

Laissez-moi donc le dire, je ne m'isole point de vous. (*L'orateur désigne la gauche.*) Malgré vous, je demeure solidaire de mon parti, mais je demeure solidaire de mon parti à condition qu'il représente nos idées, et, si mon parti abandonne pour un moment ces idées, je continuerai, fussé-je seul, à les défendre!

Un sénateur au centre. — C'est très courageux, ce que vous dites là !

M. Clemenceau. — Il n'y a aucun courage à cela. Je ne prétends pas le moins du monde, mes chers collègues, faire le procès d'aucun de vous. Nous agissons avec la diversité de nos intelligences et suivant nos idées. Nous cherchons à nous convaincre et non point à nous faire peur, à nous terroriser en aucune façon. (*Très bien ! très bien ! à gauche.*)

Vous allez me retrouver, tout à l'heure, ce que j'ai toujours été, ce que je suis à cette tribune, ce que je serai toujours, car vous savez très bien que je mourrai dans la foi républicaine. (*Vive approbation à gauche.*)

M. Méric. — On ne suspecte pas votre bonne foi.

M. Clemenceau. — Alors laissez-moi parler, j'aurai bientôt fini.

Messieurs, je sais qu'il y a des publicistes républicains, que j'estime et que j'aime, qui se sont jetés dans la cause du monopole. C'est Aristote (*Sourires*) qui disait : « J'aime Platon, mais j'aime mieux la vérité... » Ils réfléchiront. Par leurs articles, par leurs discours, ils préparent le mouvement d'opinion qui aboutit au parlement. Nous sommes ici sous le regard du peuple français pour échanger des arguments. C'est ce que j'ai essayé de faire en me détachant de toute espèce de considérations d'ordre secondaire.

Vous avez deux systèmes en présence : la liberté, l'autorisation ; l'autorisation arbitraire, le caprice dont nul ne rendra compte, l'autorisation changeante qui variera avec les ministres. Est-il bien sûr que si notre collègue M. Méline était président du conseil, M. Thézard nous proposerait aujourd'hui le système de l'autorisation ?

Les ministres passent, et, avec eux, leurs idées. Il est élémentaire de le prévoir.

Je m'élève au-dessus de toutes ces considérations. Nous cherchons à séculariser l'État, et le gouvernement, de bonne foi, fait de son mieux à cette heure pour y parvenir. Mon devoir est de l'aider, je l'aide. Je l'aide non pas en votant contre lui, comme quelques-uns de nos amis vont le faire, mais en votant avec lui, en votant le projet du ministre de l'instruction publique soutenu par le président du conseil et en cherchant à l'améliorer, dans la mesure de mes moyens, par mes amendements.

J'aurais voulu que ces raisons déterminassent mes amis à abandonner le projet dans lequel ils se cantonnent, pour faire, par un contraste singulier, une opposition intransigeante au gouvernement qu'ils ont la volonté de soutenir.

A gauche. — Mais non !

M. Clemenceau. — Il ne faut pas dire : « Mais non ! » puisque c'est la vérité.

M. Victor Leydet. — C'est une question de principe, voilà tout !

M. Clemenceau. — De principe autoritaire. Tout à l'heure, plusieurs d'entre vous voteront contre le gouvernement qu'ils font profession de soutenir. (*Bruit et interruptions à gauche.*)

Je répète : tout à l'heure, plusieurs d'entre vous voteront contre le gouvernement qu'ils font profession de soutenir. Et je dis qu'ils auraient raison si ce gouvernement désertait l'idée de sécularisation. Et je dis qu'ils auront tort, parce que le gouvernement, au lieu de déserter l'idée de sécularisation, s'efforce de la servir.

J'ai fini. Je vous demande pardon d'avoir occupé cette tribune si longtemps. (*Non ! non ! parlez !*) Je vous demande seulement de me rendre cette justice qu'en m'élevant au-dessus des considérations de groupes et d'amitiés, j'ai uniquement cherché à servir, dans la mesure de mes forces, l'idée républicaine : la liberté pour tous avec des garanties efficaces contre l'oppression de tous ou de quelques-uns.

Messieurs, le monde est à la force, le monde est aux conflits, aux luttes d'intérêts; mais, sous ces luttes sauvages d'appétits souvent furieux, dans la profondeur des masses, une idée a surgi qui meut les hommes et les pousse à la conquête d'une société meilleure : c'est l'idée du droit humain, l'idée du droit de l'homme, de l'homme grandi en roi, en souverain dont la souveraineté ne connaît de limites que dans la souveraineté des autres. C'est cette idée qui a changé la société depuis les temps anciens, c'est elle qui a fait de nous ce que nous sommes aujourd'hui. C'est en elle qu'est la force de l'avenir. Elle est notre *palladium*. Nous ne devons jamais, quoi qu'il arrive, l'abandonner. Jamais, pour ma part, je ne permettrai qu'elle passe de ce côté (*la droite*) de l'Assemblée. Nous avons été vainqueurs parce que nous étions ses défenseurs, parce que nous détenions cette grande idée du droit où la justice et la liberté se rencontrent. On l'a invoquée contre nous : mais comme ce n'était que le déguisement d'une réalité de privilège, la victoire est restée aux républicains, les seuls représentants autorisés de la grande libération humaine.

Nos pères ont fait, il y a cent ans passés, une révolution de droit dans le monde. Pour les continuer, nous ne pouvons que maintenir, développer la notion de droit qu'ils nous ont léguée. Et comment développer le droit si ce n'est par le développement de l'homme qui en est la substance? C'est pourquoi le mot d'ordre de cette civilisation moderne, que la Révolution a fondée et que le Syllabus maudit, ne peut être, à travers toutes les incertitudes d'une bataille sans fin, que de libérer, de grandir, d'accroître l'homme, toujours. (*Très bien! Très bien! et applaudissements. — L'orateur, en retournant à sa place, reçoit les félicitations d'un grand nombre de ses collègues*).

———————

TABLE DES MATIÈRES

Paris. — L. MARETHEUX, imprimeur, 1, rue Cassette.